パーフェクトレッスンブック

ハンドボール
基本と戦術

PERFECT LESSON BOOK

監修 **酒巻清治**（トヨタ車体ハンドボール部監督／元ハンドボール日本代表監督）

実業之日本社

はじめに

ルール改正の心

　ハンドボールは進化しています。2000年代前半にクイックスタートが導入されて、攻撃回数が大幅に増えました。2016年からは7人攻撃を仕掛けやすいルールになりました。

　ルール改正には必ず意図があります。クイックスタートも7人攻撃も、どちらも競技性を高めて、観客によりエキサイティングなプレーを見てもらうための変更だと、私は考えます。センターライン付近のまったりした時間をなくして、よりアップテンポな試合にするために、クイックスタートが導入されました。7人攻撃がやりやすくなったことで、これまでのハンドボールに少なかった一発逆転の可能性が高まりました。同時にGKの脚力が求められるようになるでしょう。CP（コートプレーヤー）とGKの交代が見せ場のひとつになるし、スリリングなシーンも増えるはずです。

　以前と比較しても、各ポジションに求められる要素は増えました。小柄な選手のポジションだったサイドも大型化しています。サイドはパスを待つポジションでなく、自分から仕掛けるポジションに変わりつつあります。昔は「大きいだけでいい」と言われていたポストやGKにも、今では脚力やスローイング能力が必要不可欠です。競技のレベルが上がったことで、各ポジションとも「オールラウンドな技術を持ったスペシャリスト」でないと生き残れない時代に突入しています。

トータルバランスの優れた選手に

　世界のハンドボールで最も評価される選手は、攻守両面でチームのプラスになり、なおかつハードワークを厭わない選手です。点を取るだけで守らない選手は、本当の意味でのスーパースターではありません。攻守両面でプラスになる選手がなぜ評価されるのか。ハンドボールの4つの局面から説明します。

　ハンドボールの試合は、セットDF→速攻→セットOF→バックチェック（戻り）の4つの局面に分けられます。この4つの局面でひとつでも穴になる

選手は、現代ハンドボールでは使いにくいのです。

たとえばセットＤＦをしない選手がいると、ＤＦからの速攻に持ち込めません。逆にＤＦを頑張る選手だったら、速攻に持ち込むチャンスが増えて、結果としてチームの得点が多くなります。下手にセットＯＦの得点力だけがある選手よりも、攻守にバランスの取れた選手のほうが、チーム全体の得点を増やせる可能性が高いのです。

４つの局面すべてで貢献できる選手は試合のリズムをよくするし、ハードワークでチームの士気を高められます。「勝利に貢献できる選手」と言い換えてもいいでしょう。デンマーク代表のエース、ミケル・ハンセンは世界最高峰のシュート力を誇ります。しかし自分のＤＦ力がまだ足りないことを自覚して、ＯＦ専門の選手で終わらないよう努力しています。攻守両面で役立つ選手でないと、世界では評価されないことをわかっているから、バランスの取れた選手になろうとしているのです。

みなさんもトータルバランスに優れた選手を目指して、基本スキルの習得に励んでください。本書で紹介している技術は特別なテクニックではありません。誰もが身につけておきたい基本スキルです。これだけの標準装備があれば、世界と戦えます。様々な監督のハンドボール観にも対応できます。少ない時間で、他のチームの選手とも合わせられます。

初心者や下の年代には少し難しい内容も含まれていますが、どのカテゴリーでもハンドボールの原理原則は変わりません。「中学生だから、守って速攻さえできればいいや」ではなく、常に４つの局面を意識しながら、原理原則に基づいたプレーを心がけてください。原理原則を理解していれば、試合の全体像が見えるようになり、ハンドボールの奥深さを味わえるようになるでしょう。

人にやらされてのハンドボールではなく、自分からハンドボールに「没頭する」状態になれば、黙っていても上達します。

目次

- 002 **はじめに**
- 012 **ハンドボールの基礎知識**
- 014 **本書の特徴**

Lesson1 シュート

- 016 **まずはシュートを狙おう**
- 017 **シュートの３原則**
- 018 **少ない歩数で打つ**
- 019 **間から打つ**
- 020 **ステップシュート**
- 022 **ジャンプシュート**
- 024 **ループシュート**
- 026 **ブラインドシュート**
- 028 **スピンシュート**
- 029 **逆スピンシュート**
- 030 **プロンジョンシュート①**
- 032 **プロンジョンシュート②**
- 034 **アンダーハンド・しゃくり**
- 036 **７mスロー①**
- 037 **７mスロー②**
- 038 **腕の振りをよくする練習**

目次

- 039 **両腕を正しく使う練習**
- 040 **コースの打ち分け練習**
- 041 **フィジカルトレーニングと合わせた練習**
- 042 **ＤＦをつけた練習①**
- 043 **ＤＦをつけた練習②**
- 044 column001 変化球シュート

Lesson2 パス

- 046 **速いパスまわし**
- 047 **パスの使い分け**
- 048 **オーバーハンドパス**
- 050 **ラテラルパス**
- 051 **バックパス**
- 052 **両手でキャッチ**
- 053 **片手でキャッチ**
- 054 **いろんなパスで遊ぶ**
- 055 **四角パス**
- 056 **四角パスからターン**
- 057 **ランパス**
- 058 **キャッチング練習**
- 059 **両手でボールを持ってアップ**
- 060 column002　スキルとテクニック

目次

Lesson3　1対1

- 062　**位置取りとフェイント**　ＤＦの間を攻める
- 063　**位置取りとフェイント**　ゴールに向かって攻める
- 064　**位置取りとフェイント**　バックステップ
- 065　**位置取りとフェイント**　ＤＦの足元を観察する
- 066　**位置取りとフェイント**　ＤＦが利き腕を牽制しにきたら
- 067　**位置取りとフェイント**　ＤＦがコースを限定しにきたら
- 068　**０、１歩のフェイント**
- 069　**ステップフェイント**
- 070　**シュートフェイント①**
- 071　**シュートフェイント②**
- 072　**ジャンプフェイント**
- 073　**スイングフェイント**
- 074　**ターンフェイント**
- 075　**ドリブルの方法**
- 076　**ドリブルが有効な場面**
- 077　**バックステップの練習**
- 078　**ステップの練習①**
- 079　**ステップの練習②**
- 080　**ドリブル練習**
- 081　**１対１の練習**

目次

- 082 **フェイントの組み合わせ①**
- 083 **フェイントの組み合わせ②**
- 084 column003　フェアプレーの精神が日本を救う

Lesson4 コンビネーション

- 086 **２対２**
- 088 **パラレル**
- 089 **クロス**
- 090 **スクリーン**
- 093 **ポストの中継**
- 094 **３対３**
- 096 **パラレル３通り**
- 099 **センタークロス**
- 100 **バッククロス**
- 101 **バックセンタークロス**
- 102 **ユーゴ**
- 103 **ポストを入れた３対３**
- 109 **速攻の考え方**
- 110 **１次速攻、２次速攻、３次速攻**
- 112 **クイックスタート、ゴールキーパーの球出し**

目次

Lesson5 ポジションスキル

- 114 バックプレーヤーの基本
- 115 枝をかわすミドルシュート
- 116 ワンバウンドのロングシュート
- 117 クロスからのシュート
- 118 バックプレーヤーの位置取り
- 119 アウトスペースを攻める
- 120 サイドへの飛ばしパス
- 121 ポストパスのアイディア
- 125 サイドプレーヤーの基本
- 127 目と手のずれを理解する
- 128 近め遠めの打ち分け
- 129 逆スピンからの浮かし
- 130 サイドの1対1
- 131 切りのタイミング
- 132 切りから戻る
- 133 受け身
- 134 ポストプレーヤーの基本
- 138 ポストシュートの基本
- 139 ダブルポスト
- 140 視野外から走り込む

141	スクリーンでの身のこなし
142	バウンドパスを片手でキャッチ
143	ポストのターン
146	column004　7人攻撃がハンドボールを変える

Lesson6 ディフェンス

148	DFの基本
149	マークマンとボールを視野に入れる
150	足の出し方と方向づけ
151	コンタクト
152	エリアに応じて強弱をつける
153	ドリブルカット
154	シュートブロック
155	ポストの守り方
156	2対2の守り方
160	2人で挟む
161	パスカット
162	隣にあずける
163	ステップ
164	DFの練習
166	column005　ルーズボールと攻守の切り替え

目次

Lesson7 システムごとの守り方、攻め方

- 168 6：0 ＤＦの守り方
- 169 6：0 ＤＦの攻め方
- 170 3：2：1 ＤＦの守り方
- 171 3：2：1 ＤＦの攻め方
- 172 5：1 ＤＦの守り方
- 173 5：1 ＤＦの攻め方
- 174 4：2 ＤＦの守り方
- 175 4：2 ＤＦの攻め方
- 176 3：3 ＤＦの守り方
- 177 3：3 ＤＦの攻め方
- 178 column006　6対6のヒントは2対2にあり

Lesson8 ゴールキーパー

- 180 正しい姿勢と身体の使い方
- 182 ＧＫのステップワーク
- 184 ハイコーナーのセービング
- 186 スライディング
- 188 サイドシュートの捕り方
- 190 ＤＦとの距離
- 192 駆け引き

目次

Lesson 9 トレーニング

- 194 ハンドボールの基本姿勢
「アスレティックポジション」とは
- 196 menu 1 　腕立て伏せ
- 196 menu 2 　片脚スクワット
- 197 menu 3 　フロントランジ
- 197 menu 4 　カーフレイズ
- 198 menu 5 　レッグダウン
- 198 menu 6 　ヒップレイズ
- 199 menu 7 　座ってキャッチボール
- 199 menu 8 　うつ伏せでショルダープレス
- 200 menu 9 　ベントオーバーショルダープレス
- 200 menu10　バーピージャンプ
- 201 menu11　サイドホッピング
- 201 menu12　ボックスジャンプ
- 202 menu13　メディシンボール投げ
- 202 menu14　メディシンボールジャンピングキャッチ
- 203 menu15　抱っこ歩き
- 203 menu16　おんぶ歩き
- 204 おわりに

ハンドボールの基礎知識

主なルール・用語

●オフェンシブファウル
攻撃側のファウルの総称。かつてのチャージング、ブロッキングなどを含む。

●警告、退場、失格
ハンドボールでは、その日の判定の基準を示すために警告（イエローカード）が出される。ただし個人で2枚目、チームで4枚目からは2分間の退場になる。危険なプレーは警告を経ないで、いきなり退場になる。また3回目の退場で失格（レッドカード）となり、失格した選手はベンチ内にいてはならない。悪質なプレーの場合は一発で失格もある。

●GKスロー
ハンドボールではGKが最後に触れたボールがアウターゴールラインを通過した場合でも、GKスローになる。

●3歩3秒3m
ハンドボールは「3」にまつわるルールが多い。歩くのは3歩まで。ボールを持ったら3秒以内にプレーする。フリースローでは相手と3m離れないといけない。

●7人攻撃
GKに代えてCPを7人にして攻撃してもいい。2016年度からは7人目のCPはビブスを着る必要がなくなり、GKもどのCPとも交代できるようになった。ただしGKが交代し損ねた場合、どのCPも自陣ゴールエリア内では守れない。

●スクリーン
ブロックとも言う。ボールを持たない選手が壁になり、味方のためにスペースを作る動き。

●タイムアウト
試合中は1分間のタイムアウトを3回請求できる。ただし前半だけで3回、後半だけで3回とまとめては取れない。また後半残り5分を切って2回取ることもできない。

●パッシブプレー
シュートを狙わない消極的なプレー。DFのよさの裏返しでもある。審判がパッシブプレーの予告で手を上げたら、最大6回以内のパスでシュートに結びつけないと、相手ボールになる。

ゴールについて

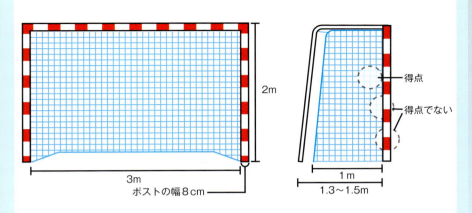

コート・ポジションについて

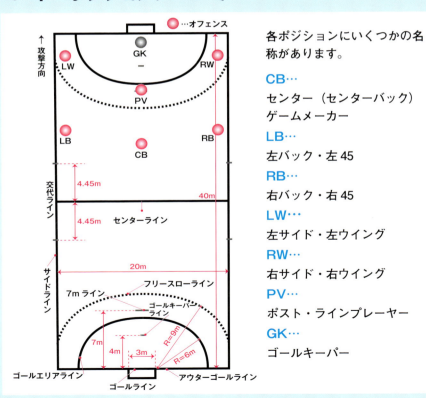

各ポジションにいくつかの名称があります。

CB…
センター（センターバック）
ゲームメーカー

LB…
左バック・左45

RB…
右バック・右45

LW…
左サイド・左ウイング

RW…
右サイド・右ウイング

PV…
ポスト・ラインプレーヤー

GK…
ゴールキーパー

本書の特徴

本書は主に3つの要素で構成されています。

考え方：各章を学ぶ上で、最初に理解しておくべき考え方を解説します。

技術：基本から応用まで勝利に必要な技術を解説します。自分以外のポジションも理解することが重要。

練習方法：本番に活きる効率的な練習方法を紹介します。ポイントをおさえて集中して取り組みましょう。

Lesson 1 シュート
まずはシュートを狙おう
最初の選択肢はシュート。常にゴールを狙う姿勢を

少しでも利き腕がずれたらシュート
ハンドボールは点取りゲームです。まずはシュートを狙うのが大原則ということを常に忘れないでください。利き腕が少しでもずれたらシュート。たとえサインプレーの途中であっても、目の前があいた瞬間を見逃さずに打ち込みましょう。ただDFと重なっているのに、無理やり打つのは賢くありません。ずれた位置から素早く打つのが基本です。

DFに守られているようだけど、実際はずれている状態
正面に入っているようだが、利き手はずれている。GKからの視線だと、ボールがよく見える。積極的に打ちにいこう。

ずれているようだけど、実際にはDFに守られている状態
体はずれているが、利き手とディフェンスが重なっている。ボールを守られているため、GKからすると怖さがない。

Lesson 1 シュート
シュートの3原則
勢い任せやパニックシュートをなくし、確率を上げる

1 方向
同じ方向に打たない
シューターが横に動くと、GKは正面に入るために同じ方向に移動します。写真のように右に流れながら打つ場合、GKも右に寄ってきますから、安直に右に打つと捕られてしまいます。動きとは逆の左を狙うのがセオリーです。

2 高さ
同じ高さに打たない
GKを惑わすためにも、高低差を利用します。高く跳んでGKを伸び上がらせてから、足元に転がす。低い胸の位置でGKをしゃがませてから、しゃくりで上を狙う。人間の目は縦にあまり動かないので、高低差は有効です。

3 タイミング
同じタイミングで打たない
速攻の勢いのままガーンと打って、GKに当ててしまうミスがよくあります。速攻からループに切り替えるなど、タイミングを変える工夫を心がけてください。歩数、逆足、上がり際に打つなど、緩急のつけ方は無数にあります。

図の見方

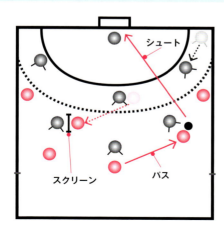

- 🔴 …オフェンス
- ⚫ …ディフェンス
- ● …ボール
- → …ボールの動き
- ⇢ …人の動き
- 🔺 …マーカー

Lesson ① シュート

**ハンドボールは点取りゲーム。
ボールを持ったら、まず初めにシュートを狙います。**

Lesson 1 シュート

まずはシュートを狙おう

最初の選択肢はシュート。常にゴールを狙う姿勢を

少しでも利き腕がずれたらシュート

ハンドボールは点取りゲームです。まずはシュートを狙うのが大原則ということを常に忘れないでください。利き腕が少しでもずれたらシュート。たとえサインプレーの途中であっても、目の前があいた瞬間を見逃さずに打ち込みましょう。ただしDFと重なっているのに、無理やり打つのは賢くありません。ずれた位置から素早く打つのが基本です。

DFに守られているようだけど、実際はずれている状態

正面に入っているようだが、利き手はずれている。GKからの視線だと、ボールがよく見える。積極的に打ちにいこう。

ずれているようだけど、実際にはDFに守られている状態

体はずれているが、利き手とディフェンスが重なっている。ボールを守られているため、GKからすると怖さがない。

Lesson **1** シュート

シュートの3原則

勢い任せやパニックシュートをなくし、確率を上げる

1 方向
同じ方向に打たない

シューターが横に動くと、GKは正面に入るために同じ方向に移動します。写真のように右に流れながら打つ場合、GKも右に寄ってきますから、安直に右に打つと捕られてしまいます。動きとは逆の左を狙うのがセオリーです。

2 高さ
同じ高さに打たない

GKを惑わすためにも、高低差を利用します。高く跳んでGKを伸び上がらせてから、足元に転がす。低い腕の位置でGKをしゃがませてから、しゃくりで上を狙う。人間の目は縦にあまり動かないので、高低差は有効です。

3 タイミング
同じタイミングで打たない

速攻の勢いのままドカーンと打って、GKに当ててしまうミスがよくあります。速攻からループに切り替えるなど、タイミングを変える工夫を心がけてください。歩数、逆足、上がり際に打つなど、緩急のつけ方は無数にあります。

Lesson **1** シュート

少ない歩数で打つ

一瞬の隙を逃さないために、少ない歩数で打つ

いつも3歩では捕られてしまう

　いつも3歩使って気持ちよく打っていても、シュートは入りません。いつも「1・2・3」の同じタイミングでは、ＧＫに簡単に合わされてしまいます。また利き腕がずれるチャンスは一瞬です。ＧＫやＤＦの準備が整う前に、少ない歩数で打ち込みましょう。0歩や1歩で打つ習慣をつけておけば、とっさの場面で役に立ちます。

利き腕がずれた位置に移動しながら捕球して、すぐにシュート体勢へ

左足の1歩だけで踏み切る。1歩で打つには体の強さが必要になる

両足で着地した「0歩」の状態からそのまま打つシュートもある

> **P**OINT　ハンドボール独特の表現「0歩」
>
> ハンドボールでは空中で捕球した後の着地を「0歩」と数えます。着地した足ですぐに跳んで打つシュートは「0歩のジャンプシュート」と呼ばれています。

Lesson ① シュート

間から打つ
ディフェンスの間から無理なく打つのがハンドボール

スペースを狙う習慣を

　ＤＦをかわそうとして、上から打つ選手をよく見かけますが、そのような無理なシュートは滅多に決まりません。高くジャンプしようと頑張るよりも、ＤＦの間に位置を取ったほうが、簡単にシュートが入ります。ジャンプシュートでも基本は「間から」です。ＤＦに邪魔されることなく、間からジャンプシュートを決めるのが「美しい」プレーです。

間があいたら打つ

ＤＦの間に位置を取れば、無理なく打てて、カットインもできる。3歩使っていたらスペースがなくなるので、少ない歩数で打てればなおよい。

2人寄ったらパス

ＤＦが2枚寄ってきたら、パスをさばく。目の前に2人いるということは、どこかで必ず数的優位ができているはず。無理に打つ必要はない。

ⓟOINT　ハンドボールは引き算？

目の前に2人いるということは、残りは5対4なので、必ずプラス1（1人余った状況）ができています。この「引き算」をわかっている選手は、判断が的確です。

Lesson 1 シュート
ステップシュート
DFの間や陰を利用して、隙あらば打つ

なるべく少ない歩数で一瞬の隙を逃さず打つ

　平面上の一瞬の隙をものにするためのシュート。速攻で走り込みながら打つ場合はランニングシュートと呼ばれます。求められるのは、いい位置取り。ＤＦの間から狙う場合と、あえてＤＦの陰に隠れて打つ場合があります。

　どちらも少ない歩数で打てれば、ＧＫがシュートに対して十分準備ができないため、シュートの確率も上がります。バックプレーヤーが打つイメージが強いですが、サイドプレーヤーが打っても面白いシュートです。

1 動きながらボールをもらう。右肩のあたりでパスをキャッチできれば、すぐに打てる

2 右足を後ろに交差させながらステップ（2歩目）。ここでは3歩を使った打ち方を紹介

逆足のステップシュート

　速攻で歩数が合わなかった場合や、相手の意表を突きたい時に、反対の足（いわゆる「逆足」）から踏み込むことがあります。通常よりも体幹のひねりを使えませんが、右手と右足（右利きの場合）を同時に出すことで、勢いが生まれます。ＧＫのタイミングを外すためにも覚えておきたい技術です。

1 いい位置を取りながらボールをキャッチ。右肩の上あたりでもらえるよう回り込む

2 流れの中で歩数が合わないこともあるが、そういう場合は逆足で打てばいい

シュート

3 3歩目を踏み出す体勢。捕球から即この体勢に入れば、1歩で打つことになる

4 左肩を前に入れながら踏み込む。テイクバックでボールが頭から離れないよう意識する

5 リリース直前でヒジがしなっている。体幹をねじり戻す力や腕のひねりを利用して打つ

左肩を入れる

3 逆足でもGKに正対するのではなく、なるべく左肩を入れながら前を狙っていく

4 右足を踏み出しながら右腕を振る。なるべくボールが頭から離れないよう意識する

5 右足に体重を乗せると同時にリリース。上下のタイミングが合えば、力強い一撃になる

Lesson 1 シュート

ジャンプシュート
DFの上からではなく、間を狙うのが基本

高さだけで解決しないで打てる場所を探す習慣を

　ハンドボールで最も使用頻度が高いシュートです。真上に飛んでＤＦとの距離を保ちながら、最高到達点で打つのが基本。高い打点から打ち込むので、ＤＦの上から決めているイメージを持たれがちですが、高さだけで勝負しようとするとシュートブロックに阻まれてしまいます。ボールをもらう前にＤＦの間に位置を取り、なるべく少ない歩数で打てば、確率が上がります。

1 動きながらボールをもらう。ＤＦの間に位置を取れば、無理なく打ち込める

2 左足を踏み込んでジャンプの体勢に。力強い踏み込みが滞空時間を生み出す

クイックシュート

　上がり際に素早く打ち込むシュートです。ＤＦの手が上がる前に打てば、ＧＫも反応できません。左足で踏み切るタイミングに合わせて右腕を振れば、ボールに力が伝わります。着地寸前（いわゆる「落ち際」）に打つシュートもありますが、ラインクロスを取られやすいので、あまりお薦めできません。

1 左足で踏み込むところまでは、通常のジャンプシュートと同じ

2 ＤＦの手が上がっていないようなら、クイックを狙いたい

シュート

左手を
強く引く

3
右腕の振り上げに連動させて右ヒザを高く引き上げることで、ジャンプ力が生まれる

4
空中では体が開かないよう左肩を入れて、半身の体勢を保ちながらGKを観察する

5
左手を引き寄せる力を利用して、右腕を大きく前に出す。右肩と左肩を入れ替えるイメージ

3
写真ではわかりにくいが、地面から離れると同時に打っている

左利きの特性

これは経験則ですが、左利きには独特の間があります。左腕が一瞬遅れて出てくるような、コンマ何秒かの遅れがあるので、GKがタイミングを合わせにくいと言われています。理由はこの写真を見てもらえばわかるでしょう。左利きの選手には肩甲骨の可動域が広い選手が多く、テイクバックで左ヒジが背中側に深く入る傾向があるからです。肩甲骨周りの柔らかさが、右利きとは違った間合いを生むのだと思われます。

Lesson **1** シュート

ループシュート

腕だけでなく全身の力を抜いて打つように

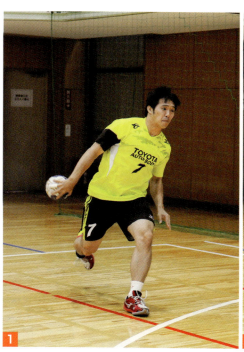

1 GKが詰めてくるかどうかを観察しながら踏み込む。この時点では強打を主に考える

2 右手の振り上げと右ヒザを高く上げる動きをリンクさせて、真上にジャンプする

POINT
内ひねりしながら腕の振りを減速

右腕の内ひねり（親指側にひねる）は強打と同じ動き。ただし腕を走らせるのではなく、脱力でボールを抜きます。

NG 押し出すような動きはダメ

ヒジの曲げ伸ばしだけで押し出すような打ち方だと、ループの軌道が低くなります。GKにもループだと見切られやすいので、止められやすくなります。

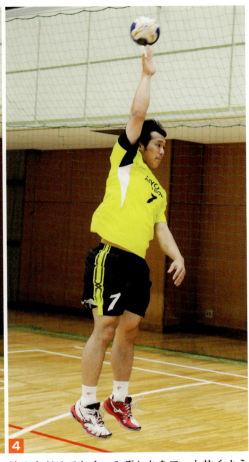

3 空中では左肩を入れた状態でGKを見る。GKが詰めてきたのでループに切り替える

4 腕の力だけでなく、みぞおちをフッと抜くようなイメージで打つと、柔らかい軌道になる。リリースではボールをなでるように

最初からループ狙いもあり

　最初からループを狙って、GKが詰めてこなければ強打に切り替える方法もあります。力を抜くのは難しくても、力を入れるのは簡単なので、ループが苦手な人は試してみるといいでしょう。

シュート

Lesson 1 シュート

ブラインドシュート

DFの陰を利用して、GKの裏をかく

引っ張り*下に打つ

　ステップシュートよりも近い間合いで、ＤＦの背中側まで腕を走らせるイメージで打ちます。腕が見えた瞬間、ＧＫは流し側（写真右側）に反応するので、引っ張り下（写真左下）まで持っていくのがセオリーです。

1 ＤＦの陰に隠れるのはステップシュートと同じだが、かなり近い間合いを取る

2 ＤＦの背後までボールを持っていくようにシュート。最後に手首で引っ張る

3 ＤＦの背後からボールが見えた瞬間、ＧＫは流しに反応しがちなので、引っ張り下を狙うのがセオリーになる

26　＊引っ張り：右利きのシューターから見て左側に引っ張るコース。「引っかけ」とも言う

シュート

流し*上に打つ

　GKがブラインドシュートを警戒して、引っ張り下を捕りに来る場合があります。その時はDF越しにGKを観察し、流し上(写真右上)を狙います。決め打ちではなく、GKを見ての駆け引きが重要です。

1 近い間合いでブラインドシュートを狙う。ここまでは引っ張り下に打つ時と同じ

2 GKが早動きで引っ張り下に動く気配があれば、手首を返さずに流し上に切り替える

3 肩、ヒジ、手首、指先を順序良く使えたら、途中で切り替えは可能。ヒジから先をしならせる投げ方でGKを惑わす

*流し:右利きのシューターから見て右側に流すコース。野球の流し打ちと同じ方向

Lesson 1 シュート

スピンシュート

外ひねりでボールの右側に回転をかける

スライダー回転をかける

　ドアノブをひねるようにボールの右側に回転をかけて、ワンバウンドさせます。野球のスライダー回転をイメージするとわかりやすいでしょう。野球ならワンバウンドしたらそのまま外に逃げますが、ハンドボールはマツヤニの粘着力があるので、ゴールの左枠外に弾んだボールがゴールに戻ってきます。GKに画面右側を意識させる（＝左足を上げさせる）ことで、より確率が高まります。右利きの右サイドは特に覚えておきたいシュートです。

DFとGKにコースを限定されている

枠外にワンバウンド

ボールに回転をかけたことで枠外からゴールへ

POINT

反対側に寄せる動きを入れて、GKの軸足の外を狙って打つ

GKの左足を上げさせると、右足が軸足になるので、右足の外に弾んだスピンシュートへ反応しにくくなります。

Lesson 1 シュート

逆スピンシュート

内ひねりでボールの左側に回転をかける

シュート回転を意識

内ひねりをかけながらボールの左半分に反時計回りの回転を与えます。ゴールの右枠外に投げたボールが、ワンバウンドしてゴールに戻ってきます。上から打つ方法と下から打つ方法がありますが、サイドの選手は両方の打ち方を使い分けてください。上から打つ場合はGKを近めのバーになるべく寄せておいてから、外に弾ませます。

1　2　3

POINT

GKが前に詰めて変化できない場合に、下からの逆スピンを

下からの逆スピンでは、掌屈＊していた手のひらを上に返すような動きでボールに回転をかけ、ゴールの外へ弾ませます。

＊掌屈：手首を手のひらの側に曲げること

Lesson 1 シュート
プロンジョンシュート①
右利きの右サイドが角度を稼ぐための技術

日本独自のムササビシュート

1960年代に日本代表の野田清氏が編み出したシュートで、「ムササビシュート」の名で一世を風靡しました。世界では「右サイドは左利き」が当たり前なので、右利きでも右サイドに入る日本独自の技とも言えるでしょう。

右利きの右サイドは真上に跳ぶと角度が狭いので、上体を水平ぐらいまで倒すことで角度を稼ぎます。体を倒しながらジャンプする怖さがありますが、マットを敷いて受け身の練習をしておけば、恐怖心を克服できます。

1 右利きの右サイドが跳び込む。そのままだと角度がないので、角度が広くなるよう7mスローライン方向に飛ぶ

4 体をできるだけ水平に近く倒しながら打つ。GKが遠めに動いてきたなら、右手首を返して近めに切り替える

シュート

2

通常のサイドシュートなら真上に跳ぶが、プロンジョンシュートの場合は体を左側に倒しながらゴールを狙う

3

右利きの右サイドに対して、ＧＫは近めをつぶしに来ている。シューターは遠めのゴールネットを狙う意識で

5

ＧＫが近めをつぶしたままだったので、遠めに打った。苦しい体勢でもＧＫを観察しながらコースを打ち分けたい

6

写真では足で着地しているが、左半身から床に転がり、背中で滑りながら受け身を取る場合もある

Lesson 1 シュート

プロンジョンシュート②
フリースローなどの壁をかいくぐるための技

隙間のない壁を攻略するために

フリースローなどでＤＦの壁がある時に、壁の横から倒れ込んで打つシュートです。フリースローのようなプレーが再開する場面だけでなく、上記の写真のように流れの中の２対２でも使える技術です。

ＤＦの壁を利用して、左に倒れ込みながら壁から打ち込むので、ＧＫはシューターが出てきた側に反応しがちです。ＧＫの本能を利用して、ＤＦの背後に打ち込むように、流し下を狙うのがセオリーです。

1

ポストとバックプレーヤーの２対２。ポストがＤＦの前に動いて、フロントスクリーンをかけている。本来はバックプレーヤーを見るはずのＤＦの前に入っている

POINT 壁のかわし方

壁の上から変化球シュート（44ページ）を打って、枠外からゴールに入れる方法やＤＦの壁の前にＯＦも壁を作って手渡しパスでボールをつなぐサインプレーなどもあります。

シュート

2 バックプレーヤーはポストのいる方向に攻め込み、DF2枚を固めた。そのまま上から打ってくる可能性に備えて、DF2枚は手を上げて固まっている

3 バックプレーヤーは上体を左に倒しながらシュート。ボールが見えた瞬間にGKは引っ張り（写真左側）に反応しがちなので、手首をひねって流し（写真右側）まで持っていく

POINT 相手を固める動きを入れてから倒れ込む

やみくもに倒れ込むのではなく、前に動いてDFを固めるひと手間が重要です。写真のようにポストのフロントスクリーンを利用して打ち込む素振りを見せて、そこから倒れ込めば、DFは反応できません。

Lesson 1 シュート
アンダーハンド・しゃくり

駆け引きの幅を広げる2種類のシュート

上からばかりじゃ芸がない

　ＤＦの腕を下げさせるための引き出しとして、試合の中で織り交ぜたい技術です。ステップシュートの場合は、ＤＦが両手を上げて、両足を開いている時に、股下を狙います。横に1歩踏み込み、ＤＦの足を広げさせてからアンダーハンドで打つのも効果的。

　ジャンプシュートの場合は、上から打つふりをしてＤＦの手を上げさせてから、空中でアンダーハンドに切り替えます。この場合も上下左右に打ち分ける意識を忘れずに。

アンダーハンド

ステップシュートの場合のアンダーハンド。ＤＦディフェンスが両手を上げて、両足を広げている時が狙い目。股下を抜いてゴールを狙う。ノーマークでＧＫの股下を狙うこともある

アンダーハンドを布石に使う

　アンダーハンドを警戒してＧＫが下に早動きするようになったら、しゃくりで逆を突くのが効果的です。リリース時に手首をしゃくって、上を狙います。最近はサイドの選手が下から逆スピンを打つ寸前から手首を背屈*させて、上に浮かせるようなしゃくりもあります。いずれにしてもＧＫがしゃがんでから切り替えるのがポイント。手首の掌屈だけでコントロールするのではなく、ボールの下半分に手を入れる感覚でリリースすると、球道が安定します。

しゃくり

左足を踏み込んだ時点では上からも打てそうだが、この後に上体を倒してアンダーハンドに切り替える。シューターの動きを見て、早動きをするＧＫなら下にしゃがみだすかもしれない

*背屈：掌屈とは逆に、手首を手の甲に向かって曲げること

シュート

アンダーハンド
リリースでは右手をかぶせるように振り切る

しゃくり
手首でこねずに手のひらをボールの下に入れる

2 右腰と右肩を落としながらシュート。腰のラインと両肩のラインが平行であれば、体の軸が傾いてもスムーズに腕が振れる。腕の力を抜き、肩、ヒジ、手首、指先を順序よく使えるように

3 右腕を振り抜いた時点で、右足が左後方に流れている。ボウリングの投球動作や野球のアンダースローと同じ理屈で、右足を左後方に逃がすことで、右腕の振りの速さとバランスを保てる

2 GKが下へ反応しだしたら、シューターは手首を返してしゃくり上げる。この写真では流し下を意識していたGKの裏をかいて、流し上まで持っていった

3 途中までアンダーハンドと同じ向きだから、GKの逆をつけた。無理に引っ張りに打たなくても、GKが下に動いているのだから、上に打つだけでいい

Lesson 1

7mスロー①

べた引きのGKにはゴールの四隅を狙え

後ろに下がった GK の場合

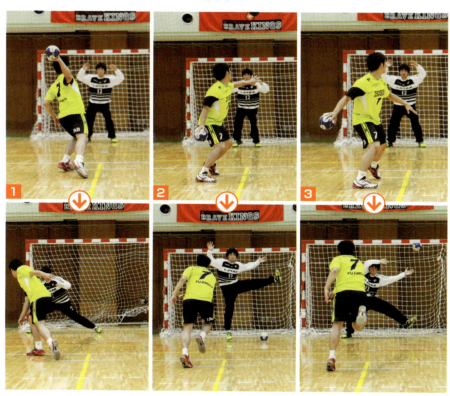

7mラインの端を踏んで広くなった反対側を狙う

ＧＫが下がっている場合は速い球で四隅を狙う。シューターは７ｍラインの左側を踏み、さらにフェイクを入れてＧＫを左（引っ張り）に寄せ、広くなった右（流し）を狙う。逆も同様

GKが反対側に来るなら高低差で揺さぶる

ＧＫが流しのシュートを意識しだした。軸足の外（写真左側）の腰横に打ててたらベストだが、コースを変えられない場合は高低差を利用する。ここではＧＫが上げた左足の下に打っている

GKが右下を意識すれば右上に速い球を打つ

ＧＫが流し下へ動いたら、シューターは流しの上に打てばいい。べた引きのＧＫは早く反応しないと捕れないし、引っ張り側に寄せられているので、流しへの対応は早動きになりやすい

Lesson **1** シュート

7mスロー②

GKが前に出てきたら、体の近くを打ち抜く

前に出るGKの場合

四隅を狙うと止められる GKの体の近くを通す

GKが前に出るのは、四隅への速い球を体に当てたいから。逆に手足が届きにくい顔横や腰横が狙い目になる。7mラインの真ん中に立ち、GKと体の中心を合わせて、体の近くを狙う

大の字で詰めてきたら 股下かループでかわす

GKが後ろから前に詰めてきた。大の字ジャンプで四隅を消そうとしている。そういう場合は慌てずにループか股下に打てばいい。ループを打つなら打点を高くしないとGKに叩かれる

フェイクでGKを動かし 軸足の外に逆スピンを

7mラインの右側を踏み、広くなった左側（引っ張り）にフェイクを入れてGKの右足を上げさせてから、軸足（左足）の外に逆スピンを打つ。枠外にバウンドさせてゴールに入れていく

Lesson **1** シュート

腕の振りをよくする練習

天井投げでスナップスローを身につける
自分自身とキャッチボールするような感覚で

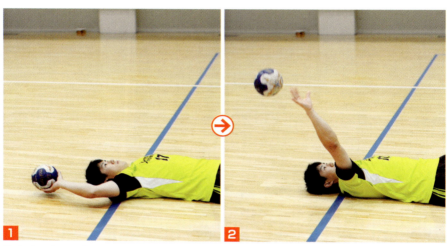

1 仰向けになり、頭の上あたりにボールを構える。ヒジは真っすぐ伸ばすのではなく、少し余裕を持たせて。肩甲骨周りも使いながら、前腕のひねりも利用して、ヒジからリードするようにボールを投げ上げる

2 外ひねりでヒジを前に出したら、内ひねりで腕を伸ばしながらリリースする。腕とボールが天井へ向かって一直線になるのがベスト。指先から真っすぐボールが離れ、きれいなバックスピンがかかるよう意識する

3 いい形でリリースできると、腕とボールがほぼ一直線上に並んで、投げ上げたボールが自分の胸元に落ちてくる

P OINT

ヒジの折り畳みで投げないで
ヒジから先のひねりを使うこと

ヒジの折り畳みだけで投げたら、練習の意味がありません。ヒジから先をグルグルと柔らかく使って、ひねりを利用しながら投げ上げることが重要です。ボールをグリップする感覚をつかむために、テニスや野球のボールで練習してもいいでしょう。

Lesson 1 シュート

両腕を正しく使う練習

シャープな腕の振りを作るための意識づけ
ボールを持たない手の使い方も重要になる

考え方 / 技術 / 練習方法

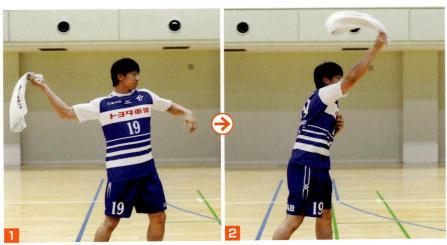

1 タオルの真ん中に小さい球をいくつか入れて、タオルの両端を利き手で握る。テニスボールなどから始めて、慣れてきたら野球の硬球など重いものにもチャレンジするといい。周りに人がいないか確認すること

2 ヒジから先を柔らかく使い、前腕のひねりを利用しながらタオルをスイング。ヒジから前に出ていく感じで腕を縦に振れたら、ボールはこぼれない。ヒジの折り畳みだけで振ろうとすると、ボールがこぼれてしまう

POINT

前に出した左手を引くことで右腕の振りが加速していく

右腕だけを速く振ろうとしても上手くいきません。前に出した左手を胸に引き寄せることで、右半身が前に出て、肩、ヒジ、手首、指先へと順序良く力が伝わっていきます。速いシュートを打てる人ほど、ボールを持たない手の動きを利用しています。

Lesson 1 シュート
コースの打ち分け練習

GKのサインに応じて四隅に打ち分ける
あいているコースを瞬時に判断する反復練習

1 GKの右手が下がっていれば、シューターは空いている引っ張り上（写真左上）に打つ

2 GKが左手を下げれば、空いている流し上（写真右上）を狙って打つ

3 GKが右足を上げたら、軸足（左足）の外である流し下（写真右下）を狙う

4 GKが左足を上げたら、軸足の外である引っ張り下（写真左下）を狙う

POINT 空いているコースを瞬時に見抜くように

GKの手が下がっていれば、上を打つ。片足を上げていたら、反対側の軸足の外に打つ。これがセオリーです。ハンドボールは的を目がけて投げる競技ではありません。GKの手足が届かない空間に打ち込む競技です。

応用

パサーからボールをもらった瞬間に振り向き、GKのサインを見てから打つようにすれば、より判断力が鍛えられます。

Lesson 1 シュート

フィジカルトレーニングと合わせた練習

試合中の息が上がった状態を想定しながら
体力強化とシュートを組み合わせて練習する

メディシンボールを何回か振った後にパスをもらってシュート。メディシンボールを頭の上で振る以外にも、腰回りで左右に振るなど、バリエーションは数限りない

腕立て伏せをした後にパスをもらってシュート。試合中に腕に疲労がたまった状態を想定しながらのシュート練習にもなる。回数は体力に応じて

バックステップを取り入れたシュート練習。左右両方にパサーを置き、左にいたら右のパサーからボールをもらう。前を狙いながら左のパサーにボールを返したらバックステップでボールから離れて、再び右側のマーカーへ異動してパスをもらう。何往復かしたのちにシュート。バックステップはボックスステップとXステップ（77ページ）の両方を

POINT　独自の組み合わせを考えて

体力が削られた中でもシュートを決めないといけないので、負荷がかかった状態でのシュート練習を取り入れます。各自で組み合わせを考えて、オリジナルのメニューを作ってください。腹筋、背筋にスクワット、バーピージャンプ、縄跳びなど、思いつくだけでも体力強化のトレーニングはたくさんあります。

Lesson 1 シュート

DFをつけた練習①

DFが間にいるジャンプシュート
DFの枝をかいくぐって打つ方法

考え方 / 技術 / **練習方法**

DFの内側から打つ

1

2

パサーからボールをもらったら、シューターは左に1歩ずれながらDFをかわす。この時DFは流し（写真右側）、GKは引っ張り（写真左側）を受け持ち、連携でゴール全体を守ろうとしている

DFの枝（高く上げた両手）を左側にかわしながらジャンプシュート。DFが本来受け持っていた流しを狙う。DFの裏へのシュートに、引っ張りを意識していたGKの反応も遅れる

枝をかわすバリエーション

　DFの枝をかわしながら打つ練習です。DFが流し、GKが引っ張りを意識していて、連携でゴールを守っている状態。やみくもに打ってもどっちかに止められてしまうので、工夫が必要です。
　そこでDFをかわして、その背後を狙います。本来DFが消しているコースに打ち込めば、連携を信用していたGKの反応が遅れます。こういうシュートが増えれば、GKとの駆け引きでも優位に立てるでしょう。

POINT　GKを疑心暗鬼にさせて好機を広げる

DFの裏に打てると、GKとDFの連携が破たんして、新たなシュートチャンスが生まれてきます。

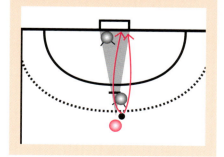

Lesson 1 シュート

DFをつけた練習②

DFの枝の外から打ち込む方法
いわゆる「枝をずらして打つ」シュート技術

考え方 / 技術 / 練習方法

DFの外側から打つ

1 パサーからボールをもらったシューターは、今度は前を狙う姿勢を見せてDFをおびき寄せる。ここでもDFは流し（写真右側）、GKは引っ張りをそれぞれ受け持ち、連携で守ろうとしている

2 DFを少し前に寄せて間合いを近づけてから、シューターはDFの枝の外から流しを狙う。腕をしならせて枝の外からゴールを狙う技術は、一般的には「枝をずらして打つ」と言われている

枝をかわすための選択肢を

　42ページでは左にずれて、体を少し左に倒しながらDFの裏を狙いました。その時よりもDFが前に詰めてきた場合には、あえて間合いを近くしながら枝の外（右側）からDFの裏を狙います。

　真上から打ち込むのではなく、DFの枝の外から裏のコースにシュートを入れていくイメージ。内外両方から枝をかわせる選択肢があると、DFもGKも守りにくくなります。

> **POINT 連携を巡っての両者の駆け引き**
>
> 枝をかわすシュートは、相手の連携を崩す武器になります。連携を信じ切っている素直なGKは、枝をずらすシュートが来たら混乱しがちです。しかし賢いGKは「連携を信用しすぎない」ので、DFの裏に打ったはずなのに阻止してきます。いるはずのない所にGKがいると、今度はシューターに迷いが生じます。しかしここからが駆け引きの面白さ。相手の癖や性格を見抜いて、駆け引きの主導権を握ってください。

SAKAMAKI'S THINKING ABOUT HANDBALL

変化球シュート

　ハンドボールにも変化球があります。変化の理屈は野球と同じです。自分から見てボールの手前に回転をかければ、逆回転で伸びのある真っすぐになります。ボールの向こう側（ゴール側）に回転をかけるとドライブ回転になり、ボールが縦に落ちます。バレーボールのドライブサーブをイメージしてもらうとわかりやすいでしょう。野球で言うなら縦のカーブです。

　ハンドボールでよく用いられるのが、このドライブ回転の変化球シュートです。枠外からゴールぎりぎりに落としてくる軌道で使われます。目の前の壁（DF）を越して、枠外から曲げて入れてくるのは、サッカーの直接フリーキックと同じ発想です。

　回転をかけて変化させる以外にも、手のひらでべったりとボールを握り、回転をなくす打ち方もあります。無回転だとボールが揺れてからストンと落ちるので、GKのタイミングを外せます。サッカーの無回転シュートや野球のナックルと同じで、ハンドボールでは「ブレ球」と呼ばれています。

　変化球シュートは肩、ヒジに負担がかかるので、あまりお薦めできませんが、大事な場面で使うと面白いテクニックです。たまにパスもシュートも変化する選手もいますが、上手い選手は必ずパスとシュートで回転を使い分けています。パスは必ずきれいな逆回転を。シュートも逆回転を基本に、遊びで変化球を混ぜるぐらいがベストです。

Lesson 2
パス

速くて正確なパスを意識して、
数的優位をものにします。

パス

速いパスまわし
シュートのような速いパスを普段から心がける

もっと速いパスを追求

ヨーロッパのトップレベルでは、シュートのような速いパスが当たり前です。初めて見たら驚きますが、何日か一緒に練習すると慣れてしまいます。

「パスは丁寧に」という意識が日本では根強いですが、まずは速さを求めて、そこから精度を上げていきましょう。速いパスで、数的優位の状況をものにしてください。

ほしいところにパス

パスは相手のほしいところに投げるのが基本。受ける側もどこにほしいか、手や言葉で意思表示する。

踏み出した足の向き

踏み出したつま先は少し内側に閉じる。真っすぐ前に向けるとヒザが緩んで、ボールに力が伝わらない。

前を狙いながら

パスのためのパスでは、相手に見切られる。前を狙ってDFを寄せるから、パスが効いてくる。

Lesson ② パス

パスの使い分け

状況に応じて根拠を持ったパスの使い分けをする

パス

ライナーパス

　味方がノーマークになっている時は、ライナーパスで素早く展開。一瞬のチャンスをものにするためにも、速いパスを出します。

山なりのパス

　速攻で味方が競っている時は、前方に山なりのパスを出して、味方を走らせます。スカイプレーでも空間に山なりのパスを出します。

バウンドパス

　ＤＦにカットされないよう、バウンドパスを使います。ワンバウンドさせたほうが、捕球する側もタイミングを合わせやすくなります。

Lesson  パス

オーバーハンドパス

基本の投げ方。キャッチボールで正しい動きを確認

身体が正対しないよう、左肩を入れる **1**

左手を引くことで、右手が鋭く振れる **2**

パスのコントロール

腕を縦に振れば、乱れにくい
腕を横に振ると、左右にパスが乱れがち。縦に振るよう意識すれば、高低の乱れはあっても、相手の手の届く範囲にパスが行く

2つのラインをイメージする
自分の指先と投げたい場所を、一本の線で結ぶイメージを作る。次に相手の頭からつま先を指でなぞるように投げる

キャッチボールの基本

パスの基本形です。試合では前を狙いながらのパスになりますが、ここではパスを出したい相手のほうに左足を踏み出します。ヒザが緩まないよう、左足のつま先は少し閉じます。テイクバックの大小は人それぞれですが「DFから遠いところにボールを置く」ことを意識します。投げる瞬間は左肩と右肩を入れ替えるように、左手の引きを利用して右手を前に出します。

踏み出した左足のつま先は少し閉じる

POINT

ボールの握り方とリリース

ヒジから先の柔らかさを保つために、ボールと手のひらの間に少し隙間をあけて握ります。リリースでは真ん中の3本の指でボールを切り、逆回転をかけます。

集中力が高まり、パスミスが減る

右利きの選手が相手を見た時のイメージ。相手の頭の上からつま先までを丁寧になぞろうとすると、結果として集中力も高まる

パス

ラテラルパス

素早く隣に展開したい場面で使うと効果的なパス

1 シュートモーションとは形が違うが、前を向いてゴールを見ながらパスを出す

2 ボールを同じ高さで保ちながら隣へパス。右腕と指先とボールが一直線になっている

横から

手首を返すと、パスが乱れる。ヒジから先をひとまとまりにして、最後は親指でリリースする

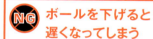

NG ボールを下げると遅くなってしまう

ラテラルパスは素早く投げるのが狙い。パスに勢いをつけようと、ボールの位置を下げてしまったら、余計な時間がかかってしまいます。

Lesson **2** パス
バックパス

DFを引きつけながら出せる便利なパス

1 左バックがアウトスペースを狙ったら、DF 2人が寄ってきた

2 前を狙う姿勢でDF 2人を引きつけたまま、シュートモーションからバックパスに切り替える。ボールをワンバウンドさせて、ノーマークになっている左サイドに展開する

SITUATION

バックパスが有効な場面

左右のバックがアウト割りで2人を引きつけた時、サイドへの展開に使えます。前を狙ってDFを寄せながら使えるパスなので、ノーバウンドでポストパスを出したり、クロスで入ってくる味方にボールをつなぐ時などにも使えます。

Lesson **2** パス

両手でキャッチ

パスキャッチの基本の成り立ちを理解する

1 仰向けに寝て、顔の上にボールが落ちてくると危ない。顔の前で両手を合わせて、ボールが直撃するのを防ぐ

2 補助者にボールを落としてもらう。両手の親指と人差し指で三角形を作ると、ボールがすっぽりと収まる

3 両ヒジが伸びたままだとボールを弾いてしまうので、ヒジを曲げながらボールの勢いを柔らかく吸収する

4 一連の動作を起き上がってやれば、パスキャッチの基本形になる。両手の的は、ボールをほしいところに作る

Lesson ② パス

片手でキャッチ

全ポジションの選手が身につけておきたい基本技術

①
片手キャッチは、ボールの上から捕まえるように。手を前に出しながらわしづかみする。前に捕りにいけば、仮にキャッチミスをしたとしても、自分の前に落ちたボールを拾い直してキープできる

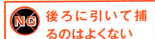
後ろに引いて捕るのはよくない

衝撃を吸収しようと、後ろに引きながら片手キャッチをすると、ボールを後ろにこぼしてしまいます。

Lesson 2 パス

いろんなパスで遊ぶ

普段のキャッチボールから様々なパスを使って、
プレーの引き出しを増やしておく

前を狙いながらパス

実戦の場では、味方と正対しながらパスを出すような状況はほとんどない

バックパス

手首をこねたりせず、肩から指先までをひとまとまりにしてコントロールをつける

フックパス

頭越しに通すのがフックパス。ＤＦの上からパスを落としたいときに使う

ショルダーバックパス

前を狙いながら、腕を振り上げる流れから軽く指先で切って、肩越しにパスを出す

股下のバウンドパス

前に大きく踏みだし、ディフェンスを引きつけてから、股の間を通す

プッシュパス

ヨーヨーを回転させるような感じでボールを切り、狭いところを通す

利き手と反対でもパス

右利きの選手は左手でもパス練習を。体のバランスを整える作用もある

Lesson 2 パス

四角パス

考え方 / 技術 / 練習方法

パス

ただ速いパスを回すだけでなく、前を狙いながら、バックステップも意識する

中央にマーカーを置く

四角の真ん中にあるマーカーをゴールに見立てて、前を狙いながら隣へパス。パスを出したら、ボールから離れるようにバックステップしながら列に戻る。対角線の延長線上にマーカーを2つ置いて、マーカよりも外にバックステップする

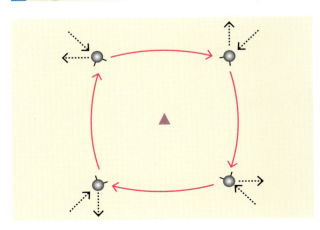

味方に正対しないで、前を狙う姿勢からパスを出したほうが実戦に近くなる。バックステップはボールから離れる方向に。ボールを預けた味方のために広いスペースを作る意識づけを。慣れてきたらボール2個で

Lesson 2 パス
四角パスからターン

パス&ランの習慣と、鋭角に戻る意識づけ。
実戦で必要な要素が詰まっている

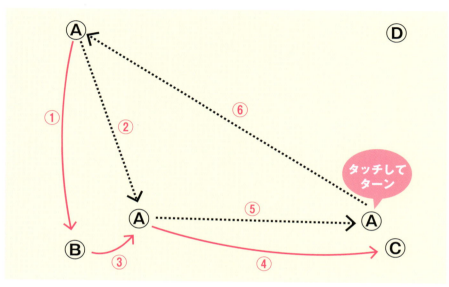

AはBにパスしたらBの角へダッシュ。Bに近づいてリターンパスをもらったら、CにパスしてすぐにCの角へ。Cでタッチ後、ボールが帰ってくる前に元の角へ戻る。CはAと同じようにDにパスして動く。4ヶ所にそれぞれ2人以上必要

Bからリターンをもらう②の時も、Cでタッチする⑤の時も、なるべく相手に近づく。ショートカットで楽をしないように

Cでタッチしたら鋭角で戻る。シュート後の戻りをイメージして。Aはボールが戻ってくる前に元いた場所へ戻る

Lesson 2 パス

ランパス

速攻でのボール運びをイメージ。
ボールを持たない選手がダッシュして段差を作る

空間へのパスで、味方のスピードを殺さない

前を走る選手はパスを出した後にダッシュ。味方にボールをあずけることで、速く走れる。
パスを受けた後ろの選手は、走っている選手の勢いを殺さないよう、前方の空間に山なりのパスを落とす。的のない空間に投げる練習も必要

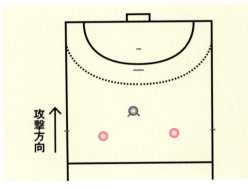

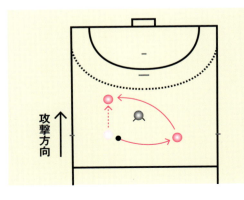

POINT

**必ず段差をつけて走ること。
2人並んで走ると、守られてしまう**

2人の間にDFがいると考えてください。2人が平行で走っていると、DFはどちらにパスが行っても守れてしまいます。いわゆる1人で2人を守れる状態です。そうならないように、走る2人は必ず段差を作りましょう。2対1の速攻をイメージして、後ろの選手にパスを出したらギアを上げて、前方へのリターンパスに備えます。

Lesson 2 パス

キャッチング練習

左右両方で片手キャッチの練習。
背後から投げてもらうことで、反応の向上にも

P OINT

急なポストパスにも対応できるよう

背後からテニスボールを投げてもらうので、どこから来るかわかりません。視野外からのボールに反応することで、突発的なポストパスへの対応力を磨きます。片手キャッチの基本どおり、手を上から出して捕球します。

背後から投げてもらう

壁に向かって立ち、補助者に背後からテニスボールを投げてもらう。壁に跳ね返ったテニスボールを片手でキャッチする

Lesson 2 パス

両手でボールを持ってアップ

考え方 / 技術 / 練習方法

パス

指先でボールを握る感覚を養い、ハンドリングをよくする。
アップ時に遊び感覚で

1
両手にボールを1個ずつ持ちながら走る。慣れてきたら、腕を動かしてみてもいい

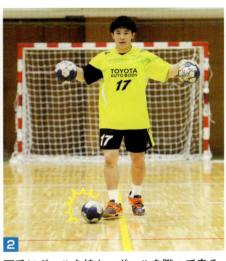

2
両手にボールを持ち、ボールを蹴って走る。足に意識が行くと、手元がおろそかになる

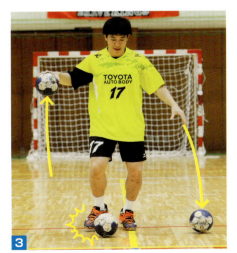

3
左右の手で交互にドリブルをつきながら、ボールを蹴って走るバリエーションも

POINT

両面テープでなくマツヤニを使うのが理想

目の前の攻撃に100％集中できるよう、ハンドリングスキルを高めます。ボールをグリップする感覚を養うためには、子供の頃から両面テープではなく、マツヤニを使って練習するのが理想です。マツヤニの粘着力があれば、ヒジから先を柔らかく使って投げる動きが身につきます。

SAKAMAKI'S THINKING ABOUT HANDBALL

スキルとテクニック

　スキルとテクニックは同じ意味合いで使われがちですが、私の中では別物です。スキルとは、ハンドボールをプレーするうえで欠かせない基本的な技術のこと。テクニックとは、選手個人が持っているスペシャルな技のことです。言葉遊びのように思う人もいるかもしれませんが、この線引きが曖昧になると、選手としての成長が止まってしまいます。

　基本スキルとは、駆け引きのための道具です。「最低限これくらいは標準装備しておかないと、勝負の土俵には上がれませんよ」という意味合いがあります。ですから基本的なパス、シュート、フットワークだけでなく、フィジカル面なども含まれてきます。

　基本スキルは時代とともに変化します。逆スピンシュートが開発された当時は「スペシャルなテクニック」でした。でも今は高校生でも当たり前のように使いこなす「基本スキル」になっています。

　基本スキルを十分に身につけないまま、日本独自のテクニックに走ってしまったことが、ハンドボールだけに限らず、日本の球技が低迷してしまった原因のひとつです。「日本のオリジナリティ」という甘い言葉に酔いしれて、土台となる部分から目をそむけてきた結果、地道に競技性を高めてきた諸外国と大きな差ができてしまいました。

　基本スキルは避けては通れない道。特にセットＯＦの理解度とフィジカルを高めていかないと、世界では戦えません。

Lesson 3

1対1

ボールを持ってからではなく、
ボールをもらう前の準備が勝負を分けます。

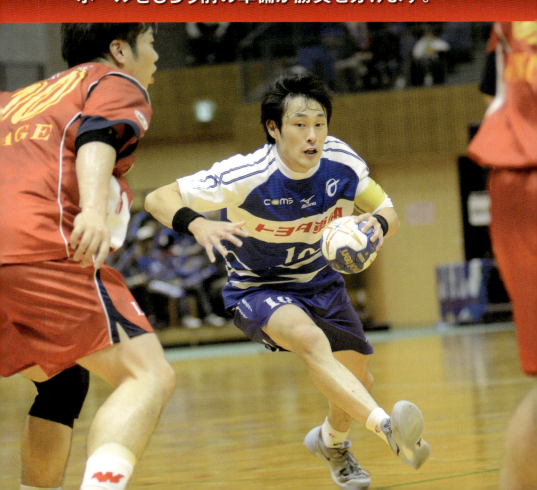

Lesson 3 1対1

位置取りとフェイント
DFの間を攻める

プレー可能な位置へ動く

間に位置を取る

　プレーできる位置とはDFがいない場所、すなわち間（スペース）です。DFの間にいれば、余計なフェイントを入れなくても、楽にシュートを打てます。人間は目印のあるところに位置を取る習性がありますが、ハンドボールの場合は間に立つのが鉄則です。目の前にDFが寄ってきたら、ボールをもらう前に動いて、間でパスをもらいましょう。

DFとずれた位置でボールをもらえば、無理なくシュートが打てる。自分をマークしているDFの視野外に位置を取ることを心がけたい

 正面に入ると、無駄が多い

DFの正面でボールを持っても、そこからフェイントで抜くのは至難の業。シュートの確率も悪くなります。

Lesson ③ 1対1

位置取りとフェイント
ゴールに向かって攻める

ゴールへ向かって一直線にカットイン

ゴールに向かっているか？

「いいフェイントでＤＦを抜いたのに、なかなかシュートが決まらない…」という選手は、多くの場合ゴールではなく壁に向かって跳んでいます。カットインはゴールに向かって一直線に攻めてください。その際に重要なのが最初の位置取りです。特に両バックはＤＦを広げる位置（9ｍのラインの外のくぼみ）をとると、ゴールに向かって攻めやすくなります（118ページ）。

間に位置を取るだけでなく、一直線でゴールを狙える位置を取る。最初の位置取りがよければ、シンプルにゴールを狙える。

 ゴールから遠くならないように

ＤＦの正面にいたり、インに寄りすぎていると、ゴールに向かっていけません。ゴールから遠ざかる方向に跳ぶことになります。

Lesson **3** **1対1**

位置取りとフェイント
バックステップ

DFとの間合いを取り直して、攻撃を継続

間合いが近くならないように

一度の攻撃だけでは簡単に打てません。ＤＦを寄せたらパスを出し、次の攻撃に備えます。パスの後に動かずにいると、ＤＦとの間合いが近くなり、守られてしまいます。バックステップでもう一度間合いを取り直して、攻撃を継続させましょう。自分をマークしているＤＦの視野外に移動し、そこから間を攻めれば、攻撃が決まりやすくなります。

1 前を攻めたが、ＤＦに守られてしまった。それでもＤＦを引きつけながら味方にパスを出して、攻撃を継続する

2 バックステップで間合いを取り、次の場所へ移動。ＤＦはボールが気になって、自分のマークから目を切っている

3 ＤＦの間に位置を取り、パスをもらう。バックステップで写真右のＤＦの視野外に移動したから、間が広くなった

4 ＤＦの間からゴールに向かって一直線に攻め込む。位置取りがよかったから、ＤＦに絡まれずに打てた

Lesson **3** 1対1

位置取りとフェイント
DFの足元を観察する
DFの足元を見れば、相手の狙いや弱点が見えてくる

1対1

SITUATION 1
左足を前に出す
右利きの選手に対して左足を前に出すのは、利き腕を守りたいから。シュートを打たせたくないオーソドックスな守り方

SITUATION 2
右足を前に出す
右足を前に出すのは、コースを制限したいから。ＤＦから見て右側（写真左側）には行かせたくない意識の表れ

SITUATION 3
両足が揃っている
よくないＤＦの代表例。両足が揃って、前のめりになっている。ＤＦがこの状態であれば、左右どちらでも簡単に抜ける

65

Lesson 3 1対1

位置取りとフェイント
DFが利き腕を牽制しにきたら

アウトに抜ける。インに切り返す。相手に応じて駆け引き

アウトでボールをもらってから

　利き腕を守ってくるDFはシュートを強く警戒しているので「すり抜け」か「切り返し」で攻略します。「すり抜け」はアウトに離れながらパスをもらい、とび出してくるDFを背中でかわします。「切り返し」では上体とボールをアウトに倒し、DFをアウトに寄せてから、インに切り返します。

すり抜ける

アウトに移動しながらボールをもらう

左足を外に踏み出し、右肩を入れる

すり抜けた後はゴールに向かって跳ぶように

切り返す

アウトでずれながらパスをもらう

体とボールをアウトに寄せると、DFも寄る

インへ切り返す。DFは対応が遅れてしまった

Lesson 3 　1対1

位置取りとフェイント
DFがコースを限定しにきたら

ボールをもらう前の動きで決着をつける

2通りの空フェイント

　右利きの左バックに対してＤＦが右足を前に出すのは、アウトに抜かれたくないから。この場合2通りの駆け引きの選択肢があります。ひとつはアウトに位置を取り、そこからインにずれながらボールをもらいます。もうひとつはアウトでボールをもらって、ＤＦを引きつけてからインに切り返します。

インでボールをもらう

アウトに位置を取り、ＤＦをおびき寄せる

ボールを持たずにインに動いてパスをもらう

ボールをもらった時点でインに抜けている

アウトでボールをもらう

アウトにずれながらボールをもらう

ＤＦはアウトに行かせたくないから寄る

インに切り返して、ＤＦをかわしてシュート

Lesson 3 　1対1

0、1歩のフェイント

1歩で左右に切り返し、相手を揺さぶる

最初の揺さぶり

　空中でキャッチしてから最初の着地を「0歩」と数えます。写真ではまず右足で着地し、その0歩目で重心を右に傾けます。その後に左足の1歩目で大きく左に切り返し、DFを左に寄せます。体とボールを左に傾け、DFを寄せてから、もう一度右に切り返して抜いていきます。反対側も同様です。

空中でボールをもらってから仕掛ける

右足で着地した0歩の時点で、重心を右に

左足の1歩目で上体とボールを左に傾ける

DFが左に寄ったら、右へ切り返す

Lesson **3** 1対1

ステップフェイント

寄せてから切り返す、フェイントの基本

ボールと体ごと寄せる

　まずは、ずれた位置でボールをもらいます。写真2では左に1歩踏み出し、上体とボールを一緒にアウトに倒せば、DFが寄ってきます。両眼と体軸のTの字を極力崩さないよう、重力を感じながら切り返しましょう。DFがアウトにきたらインへ切り返し、寄らなければそのままアウトに抜けます。

ボールをもらう時点で半身ずれた位置に

両眼を結んだ線と体の軸がTの字になっている

DFが左に寄ったら、右へ切り返す

ワンドリブルでインのスペースへ切れ込む

シュートフェイント①

シュートフェイントでDFを固めて、左から右へ切り返す

前を狙う姿勢が大事

「ステップシュートはない」と思われないよう、隙あらばステップシュートを狙うのはもちろん、ＤＦの警戒心を利用してフェイントをかけます。７ｍスローのフェイクのように、ボールを持ったまま腕を振る動きを入れてもいいでしょう。ＤＦを固めることで、切り返しがやりやすくなります。

左にずれながらボールをもらう

ステップシュートの構えでＤＦを寄せる

ＤＦを左側に固めたら、右に切り返す

ドリブルをついて、右側でジャンプシュート

Lesson 3 1対1
シュートフェイント②
右から左へ切り返すのも理屈は同じ

両方の駆け引きを持っておく

70ページとは逆に、右から左への切り返しです。この場合も、前を狙う怖さを見せ続けて初めて成立します。ステップフェイントもシュートフェイントも、左右両方に仕掛けられなければ駆け引きができません。得意不得意に関わらず、両方が同じぐらいスムーズにできるように練習しましょう。

右に動いて、DFとずれた位置でパスをもらう

ステップシュートの構えでDFを右に寄せる

DFが慌てて右に寄ってきたので、切り返す

ワンドリブルから左のスペースへ切れ込む

左のスペースでジャンプシュート

Lesson 3 　1対1
ジャンプフェイント

ジャンプシュートのふりで、DFを伸び上がらせる

最大で3歩＋ドリブル＋3歩使える

　ジャンプシュートのフェイクでＤＦがシュートブロックをしようと伸び上がったら、ワンドリブルで方向転換。相手の対応が遅れているうちに、さっきまでＤＦがいたスペースに切れ込みます。ボールを持って3歩使った後に、ジャンプフェイクでワンドリブルつけば、その後最大3歩まで歩けます。

間でパスをもらってシュート体勢に入る　　ジャンプフェイクにＤＦが慌てて寄ってきた

ＤＦが伸び上がっている隙にワンドリブル　　さっきまでＤＦがいたスペースに切れ込む

Lesson **3** 1対1

スイングフェイント

左手で相手の腕を払う反動で、右手を振り上げる

左手の使い方がカギ

　ボールを持っていない左手の使い方が重要。寄ってきたＤＦの右腕を自分の左手で払いのけ、その動きに合わせて右手を後ろから振り上げます。その動きで相手の背中側に潜り込むことができます。振り上げた右手も自然と相手の背中側にくるので、邪魔されることなくシュートまで持ち込めます。

左側にずれた位置でボールをもらう

ＤＦが両手を出しながら捕まえにきた

ＤＦの右腕を左手で払い、同時に右手を振り上げる

左手で払う勢いが、右腕のスイングに直結する

相手の右腕を払って、ＤＦの背中側に入り込む

73

Lesson 3 **1対1**

ターンフェイント

相手の体との接点を軸に、小さく鋭く回る

間合いが近い時に有効

相手との間合いが詰まって、このまま強引に攻めるとオフェンシブファウルになりそうな時に使えます。相手との接点を軸にくるりと回ります。コツは、手足が広がらないよう、体を小さくまとめて、小さく鋭くターンすること。回転後はＤＦから遠いほうの手でドリブルして、ボールを守ります。

相手とずれた位置でボールをもらう

左に抜こうとしたら、ＤＦが密着してきた

接点を軸に、反時計回りにターンする

相手から遠い右手でドリブルをつく

Lesson **3** 1対1

ドリブルの方法

ドリブルは正しく使えば、有効な武器になる

1対1

ボールをつく場所

ボールをキープしたい時のドリブルは体の横でつきます。なぜなら、前でつくと進行方向の妨げになるからです。顔を上げて視野を保ち、左右どちらの手でもハンドリングできるように。ハンドボールの表面は硬く、跳ね返りが弱いので、5本の指で強くドリブルします。バスケットボールのように手首をこねると、イリーガルドリブルになります。速攻の場合は斜め前に遠くにドリブルすることを意識してください。身体の近くだと、スピードが出ません。

顔を上げて、身体の横でドリブル。左右両方の手でドリブルを練習しておく

速攻の時はボールを斜め前について、走るスピードを落とさないようにする

Lesson 3　1対1
ドリブルが有効な場面
不必要なドリブルを避けて、効果的に使う

距離がある時に使う

　ドリブルはＤＦに段差がある時や、ゴールから距離がある時に使うと効果的です。ただし速攻でいきなりドリブルをつくのはよくありません。セットＯＦでドリブルからスタートすると、プレーの選択肢が少なくなってしまいます。歩数とドリブルを組み合わせて、有効活用しましょう。

ＤＦの段差がある場合に、ドリブルは効果的。初めの３歩で相手をかわした後ドリブルを使う

1 ゴールから遠い場所で、１対１で守られた

2 相手から遠い手を使ってドリブルしながら進む

Lesson 3 1対1
バックステップの練習

継続して攻撃するために必要なのがバックステップ。
状況に応じて2通りを使い分ける

1対1

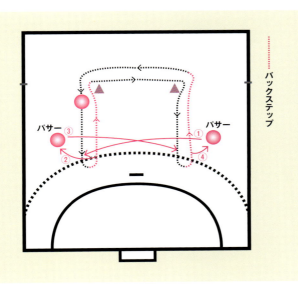

ボックスステップ

センターが主に使う動き。相手を観察しながら、自分をマークしているＤＦの視野外に移動したい時に使う。下がってからサイドステップで横に移動する際、少し膨らみを持たせる。

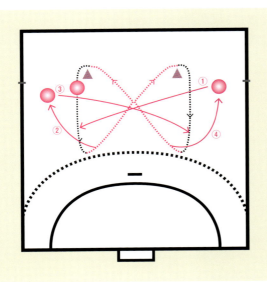

Xステップ

左バックと右バックが主に使う動き。パスから離れるように斜めに下がることで、ＤＦの視野外に移動できる。センターがやると、クロスアタックで止められてしまう。

Lesson 3 1対1
ステップの練習①

間合いを取りながらDFをかわす練習。
しっかりと距離を取ってから相手を抜き去る

間合いが広い場合

　2人一組でお互いにタッチするところからスタート。互いに腕を伸ばした距離が、基本の間合いです。OFはポンと跳ぶように後ろに下がり間合いを広げて、追いかけてくるDFをかわして、パスをもらいます。DFの左右両方を抜く練習をしましょう。オフザボールでの足の運びを覚えてください。

1 お互いにタッチするところからスタート。双方が腕を伸ばした距離が基準になる

2 両足でポンと跳んで後ろに下がり、間合いを広げる。DFは届かないから追いかける

3 DFをかわしながら前に進む。クロスステップでDFとの距離を保ちながら移動

4 オフザボールの動きでDFをかわした後、パサーからボールをもらう

Lesson 3 1対1
ステップの練習②

練習①よりも間合いが近い場合。
空のスイングフェイントで、DFを払いのける

空のスイングフェイント

　ここでは後ろに下がらず、近い間合いで練習します。互いに腕を伸ばした状態よりも近い間合いで有利なのはDF。だからこそ、スイングフェイントが有効になります。ボールを持たない状態でも相手の右手を払って背中に入り込めば、1人抜き去った状態でパスをもらえます。

1 お互いにタッチした状態から、そのままスタート。①よりも間合いが近くなる

2 ずれた位置を取ろうとしても、DFが正面に入って、なおかつ捕まえにきている

3 左手でDFの右手を払いながら、右手を後ろから振り上げる

4 空のスイングフェイントでDFの背後に抜ければ、ノーマークでパスをもらえる

Lesson 3 1対1
ドリブル練習

どんな体勢でも、何かをしながらでも、ドリブルができるようになるための練習

ドリブルしながら立ち上がる

この練習では長座の状態からスタートして、ドリブルを続けながら立ち上がります。右手だけでなく、左手でも同様に行いましょう。長座から立ち上がった後に、また長座に戻るバリエーションもあります。視線を上げて、前を見ながらドリブルを続けることが、実戦に役立ちます。

長座のまま、床にあるボールを叩いて弾ませる

ドリブルしながら立つ。ここから座るのもあり

ドリブルを続けながら立ち上がる。視線は前に

応用 両手にチャレンジ

２つのボールを使って、左右両方の手でドリブルしながら立つ練習もあります。体の能力を開発するためにも、遊び感覚で挑戦してみましょう。

Lesson **3** 1対1
1対1の練習

人数が少ない時にも個人技を磨ける練習です。
ボールをもらう前の動きから始める

1 パサーからボールをもらってスタート

2 ボールをもらう前に動き、DFとずれる

3 一度で抜けない場合は、パサーにボールを戻す

もらう前の動きから勝負は始まっている

少ない人数しか集まらない時でも、1対1の「個の力」を伸ばす練習ができます。
OFはパサーからボールをもらって、DFとずれた位置を取ることから始めます。DFの正面でボールを持ってから始めても、意味がありません。オフザボールの動きでずれた位置を取る習慣が大事。
DFに捕まりそうになったらパサーにボールを返し、バックステップでもう一度体勢を整え直します。

POINT
ボールをもらう前に動けるかがカギ

1対1はボールを持ってからの勝負ではありません。その前にいかに動いて、DFとずれた位置を取れるかが重要です。パスをもらう前にフェイントを入れるなど、DFをかわす工夫を考えましょう。

Lesson 3　1対1

フェイントの組み合わせ①

ひとつのフェイントだけでは決まらないので、
複数のフェイントを組み合わせる

ＤＦとずれた位置に動いてボールをもらった

ターンフェイントでインに方向転換する

スイングフェイントでアウトに仕掛ける

2つの合わせ技が効いて、ノーマークに

しかしＤＦに捕まりそうになった

ＰOINT
片側に寄せてから切り返す

スイングフェイントでＤＦを寄せて、ターンフェイントで反対に切り返します。片側にＤＦを固めてから反対に切り返す基本を、2つの技でやっています。原理原則がわかれば、組み合わせは無数に考えられます。

Lesson **3** 1対1
フェイントの組み合わせ②

ジャンプフェイントとスイングフェイントで、
慌てて前に出てくるDFをいなす

ＤＦとずれた位置でボールをもらう

POINT
大型DFに使える合わせ技

大きいＤＦは「ロングを打たせたくない」意識が強いため、ジャンプフェイクに引っかかりやすく、その後も長い腕で止めようとしてきます。相手の腕をスイングフェイントで払い落せば、チャンスが生まれます。

ジャンプフェイントで相手を伸び上がらせる

ＤＦがジャンプフェイクに引っかかった

ＤＦの手を、スイングフェイントで払いのける

反応が遅れたＤＦは慌てて前に詰めてくる

ＤＦの背中側に潜り込み、抜き去った

SAKAMAKI'S THINKING ABOUT HANDBALL

フェアプレーの精神が日本を救う

　フェアプレーと聞くと、みなさんはどんなイメージを持っていますか？「そんなのきれいごとだよ」とか「フェアプレーなんかやっていて、勝てるわけがないよ」と思う人も多いでしょう。ハンドボールだけに限らず、日本のスポーツではフェアプレーが軽視されてきた歴史があります。でも日本のハンドボールを救うのはフェアプレーしかないと、私は真剣に考えています。

　たとえばヨーロッパや中東の大型ポストに対して、ルールに則って守ろうとするのは大変です。押し負けないようなフィジカルは当然必要ですし、相手のポストパスを先読みして、なおかつ瞬時に前でカットする機動力が求められます。2ｍで100ｋｇの屈強な大男をルール通り守ろうと思ったら、しっかりとした土台がないと、勝負になりません。

　実際にはライン際の競り合いで、ユニフォームを引っ張ったり、足を踏んだり、時にはヒジでつつくなどの小競り合いがあります。レフェリーの見ていないところで、そういった汚いプレーを仕掛けてくる海外の選手は大勢います。しかしそういった目先のプレーに走らず、正々堂々のプレーで相手に勝ちたいものです。その志が日本の競技レベルを向上させますし、日本のハンドボールが世界で認められるようになるでしょう。

　きれいごとのように聞こえるかもしれませんが、私は「フェアプレーが日本のハンドボールを救う」と信じています。

Lesson 4
コンビネーション

複雑そうに見える攻撃も、
基本パターンは限られています。

Lesson 4 コンビネーション

2対2
2対2はパラレル、クロス、スクリーンの3通りだけ

最後は2対2に行きつく

6対6の複雑そうな攻撃でも、最後は必ずと言っていいほど2対2の勝負になります。2対2のパターンはパラレル、クロス、スクリーンの3通りだけ。この3つですべて説明がつきます。6対6から広いスペースの2対2を作り出し、状況に応じてこの3通りを使い分ければ、必ず攻略できるはずです。

1. パラレル

2人が平行に攻める動き。DFラインの段差の高いほうから間を攻めてDF2枚を寄せ、味方を余らせます。2人が平行に守っている場合にも効果的です。

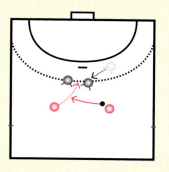 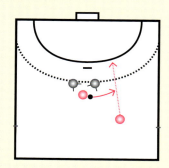

2. クロス

２人が交差しながら攻める動き。ＤＦラインの段差の低いほうから間を攻めて２人を寄せてから、背後を大きくクロスする味方にパス。ノーマークを作ります。

DFラインが低いほうが攻めて２人のDFを寄せる

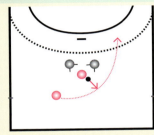

3. スクリーン

ＤＦラインの外側や、ＤＦラインがない縦の２対２などに効果的な攻め。ポストの選手がスクリーンになってスペースを作り、味方をプレーしやすくします。

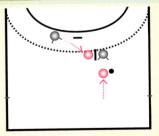

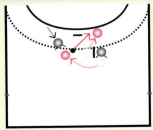

コンビネーション

Lesson 4 コンビネーション

パラレル

2対2を平行（パラレル）に攻めて、味方を余らせる

間を強く攻める

DFラインの段差の高いほうから攻めるのがパラレルの基本。ボールを持った選手がDFの間を強く攻めることで、2人を寄せます。そうするとワイドポジションに位置を取っていた味方がノーマークになり、フリーで打てます。DFラインが整っている場合は、どちらから攻めても構いません。

1 2人が離れて位置を取り、DFを広げる

2 段差の高いほうからボールを持って仕掛ける

3 間を強く攻めることで、DF2枚を寄せる

4 DFを2枚引きつけてから、隣の味方にパス

NG 段差の低いほうから攻めない

段差の低いほうからパラレルで攻めるのは判断ミスです。段差の高いほうのDFを寄せても、パスと同時にフォローに行ける距離になるので、余らせたはずの味方が余りません。

Lesson **4** コンビネーション
クロス

味方とクロスすることで、相手のマークミスを誘う

DFを寄せて、マークミスを誘う

クロスではDFの段差の低いほうから仕掛けます。ボールを持った選手が間を強く攻め、DF2枚を寄せてから、その後ろを大きく走り込んできた味方にパス。DFがマークの受け渡しに戸惑う隙にノーマークを作り出します。速い動きも大事ですが、前を狙う姿勢を見せないと、DFを寄せられません。

1 クロスでは、段差の低いほうから仕掛ける

2 間を強く攻めることで、DF2枚が寄る

3 背後からクロスで回り込んだ味方にパス

4 クロスした選手は利き腕がずれたら即シュート

 段差の高いほうから仕掛けない

段差の高いほうからクロスを仕掛けても、回り込んだ味方が高いDFにすぐフォローされてしまいます。「段差＝DF同士の距離がある」なので、相手との距離を利用しましょう。

Lesson 4 コンビネーション
スクリーン

味方がプレーしやすくなるよう、壁になる動き

味方のためにスペースを作る

ボールを持たない選手がスクリーン（ブロック）をかけてスペースを作り出し、ボールを持った選手をプレーしやすくします。スクリーンにはフロント、サイド、バックの3通りがあります。特にサイドスクリーンでは「2対2の外を攻める」動きが、近年のヨーロッパでは重要視されています。

フロントスクリーン

1 ボールを持った選手が間を攻める

2 パスを出した後に走り、スクリーンになる

3 シュートを狙う選手の前でスクリーンをかけた

4 前の空間があるから、シューターは打ち切れる

POINT
ミドル、ロングと絡めて

フロントスクリーンで前の空間を作ることで、バックプレーヤーがミドル、ロングを打ちやすくなります。単発で打つのではなく、組織的にスクリーンを絡める動きが重要です。

サイドスクリーン　その1

1 パスを出した選手が、自分のマークの外にサイドスクリーン

2 パスをもらった選手が、サイドスクリーンの外からシュートを狙う

POINT　2対2の外を攻める

ポストがＤＦの内側にサイドスクリーンをかけて、バックプレーヤーがＤＦの間を攻めるのが、古典的な2対2です。

バックプレーヤーとポストの2人が協力して1人のＤＦを攻める技術は基本ではありますが、2対2を内側だけで攻めても、ＤＦが発達した今の時代では決まりません。ヨーロッパでは2対2の外を攻める動きが主流になっています。外のスペースを使って、3人目を引き寄せるような攻撃をしましょう。

サイドスクリーン　その2

1 ボールを持った選手がこの後パス＆ラン

2 自分のマークではないＤＦの横に移動する

3 自分のマークではないＤＦにサイドスクリーン

4 パスをもらった選手は2対2の外から打つ

コンビネーション

1 パス＆ランでスクリーンに移動する

2 自分のマークではないDFにバックスクリーン

3 2対2の外からポストパスを狙う

4 裏のスペースを確保していたので、捕球できた

5 そのままノーマークでポストシュート

Lesson 4 コンビネーション
ポストの中継

ポストとセンターがクロスすることで、DFを寄せる

中継に浮いてきたポストにパスを出す

ポストは前を狙いつつ、クロスでパスを返す

真ん中のDF2枚が寄って、周りが広くなる

真ん中に寄せるための動き

ポストが中継に浮いて、センターからボールをもらい、クロスした後にもう一度センターにボールを戻す。ポストとセンターがクロスすることで、真ん中のDF2枚を寄せるのが狙いです。

POINT　中継の選択肢は色々ある

6対6だと中継の選択肢が増えます。クロスでパスを出さずにスルーしたり、センターではなく左バックにパスを戻すなど、DFを真ん中に寄せて、周りに広いスペースを作るために変化をつけます。

Lesson 4 コンビネーション

3対3

バックプレーヤーの3対3は5通りだけ

バックプレーヤーの3対3

　バックプレーヤーの3対3はパラレル、センタークロス、バッククロス、バックセンタークロス、ユーゴの5通りしかありません。ポジションチェンジをすることで、3対3を2対2と1対1に分けるのが狙い。片側にDFを寄せて、反対側に広いスペースを作ることで、攻撃の波を起こします。

パラレル ➡ 96 ページ

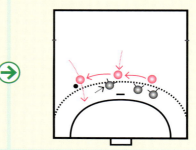

DFの間を攻めることで、DF2枚を寄せる。パラレルはDFラインの段差の高いほうから攻めるのが鉄則。DFラインが整っている場合にもパラレルは効果的。

DF2枚が寄ったら、横にパス。この時点で2対1の数的優位ができている。2人目も間を攻めて、そのまま突破する。DFが寄れば隣を余らせる。

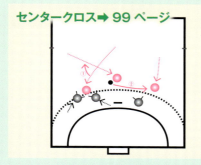

センタークロス ➡ 99 ページ

センターがボールを持ってバックプレーヤーとクロス。クロスは段差の低いほうから攻めていく。クロスでDF2枚を寄せて、反対側に広い1対1を作る。

右側で広いスペースができたので、ここからはパラレルで間を攻めて、左にずらしていく。途中で間を割れるなら、そのままゴールを狙ってもいい。

バッククロス ➡ 100 ページ

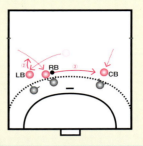

左バックと右バックがクロスするのがバッククロス。センターはパスを出した後、コート上のバランスを整えるために左の外へ大きく移動する。

クロスで左側にDF2枚が寄って、右側に広い1対1ができた。ボールを持った右バックがセンターにパスを出し、広い1対1を強く攻める

バックセンタークロス ➡ 101 ページ

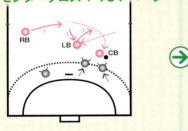

バックプレーヤーがボールを持って、センターとクロスするのがバックセンタークロス。センターがボールを持って始めるセンタークロスとは異なる。

左バックとセンターとのクロスでDF2枚を右に寄せて、左側に2対1ができた。左側の2対1を活かすため、パラレルで間を攻めながら左に展開。

ユーゴ ➡ 102 ページ

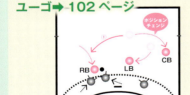
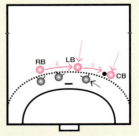

ボールを持たない選手同士のポジションチェンジをユーゴと言う。図では右バックにボールを預けて、センターと左バックがポジションチェンジ。

ポジションチェンジで間にはまって、DFにずれを生じさせるのが狙い。右バックから右にパラレルで展開し、DFの間にはまった選手がスペースを狙う。

コンビネーション

Lesson 4 コンビネーション
パラレル3通り

パラレルにも様々な崩し方がある

違いはセンターのバックステップ

　DFの間にはまって、横にずらしていくパラレルでも、いろんなやり方があります。ここでは3通りを紹介します。わかりやすい違いが出てくるのが、センターのバックステップです。パスを出した後に、どのようなバックステップを選択してDFの間にはまっているかを見てください。

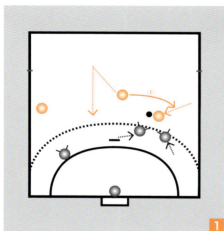

1

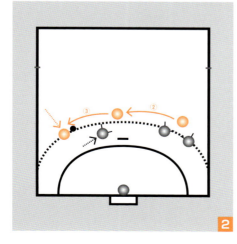

2

パラレル1（スカンジナビア式）

両バックがワイドポジションで広い位置を取る、オーソドックスなパラレル。センターはパスを出した後、広いXステップで左バックから離れて、間にはまる（図1）。左バックから順に間を攻めて、右に展開する

パラレル2 キホン！
（コリア式）

ＤＦの間が狭く、６ｍラインより上で密集している場合の攻め方。フェイントの得意な韓国がよくやるパターン。センターは右バックにパスを出したら、右バックがフェイントを仕掛けている時間を利用し、ボックスステップで隣の間にはまる。Ｘステップだと、左バックを見ているＤＦに捕まってしまう

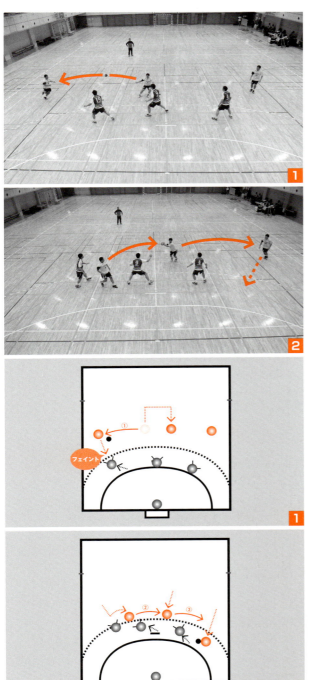

POINT

ボックスステップで時間をかける

センターがＸステップですぐ次の場所に移動すると、隣のＤＦに捕まるので、ボックスステップで間合いを図ります。

パラレル3（フランス式）

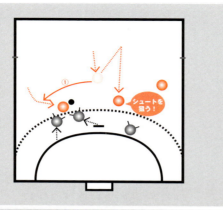

同じく狭い3対3の攻め方。シュート力があるフランスが得意なパターン。センターは右バックにパスを出した後、狭いXステップで移動し、すぐに間からシュートを狙う。右バックのカットインでDFが寄った瞬間に、センターは1歩で打ち込みたい。そのままパラレルで左へ展開する選択肢もある

POINT
狭いXステップで次に備える

センターのXステップが広いと、左バックを見ているDFに捕まるので、狭い動きですぐに間を狙います。

パラレルの重要性

多種多様なポジションチェンジがありますが、パラレルが最強の攻め方です。しっかりと間を攻め続けたら、いつか必ずDFは破綻します。複雑なポジションチェンジで解決しようとする前に、もう一度基本に立ち返って、パラレルを磨き直してください。間に位置を取って、前を強く、シンプルに攻める。そのためには速いパスとフィジカルが必要ですし、オフザボールでのいい準備も必要になってきます。パラレルを極めることが、選手個人のスキルアップにつながるはずです。

Lesson **4** コンビネーション
センタークロス

センターがボールを持って、他のバックプレーヤーとクロス

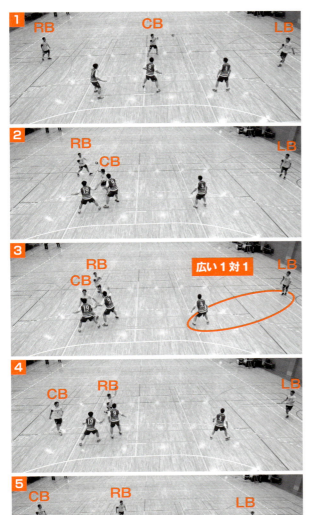

クロスで片側に寄せる

センターがボールを持って動き出し、写真2では右バックとクロス。
クロスすることで、写真3のように左側にDF2枚が寄って、右側に広い1対1ができた。クロスした後は写真4のように広い1対1で勝負させる。ボールをもらった左バックは広い間を攻めて、後はパラレルでずらしていく。

POINT
2対2と1対1に分けて考える

センタークロスでは2対2で寄せて、広い1対1を作ります。片側に寄せて、反対側を広げるのがセットOFの基本です。

Lesson 4 **コンビネーション**
バッククロス

バックプレーヤー同士のクロスから相手を崩す

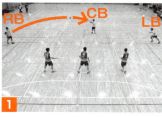

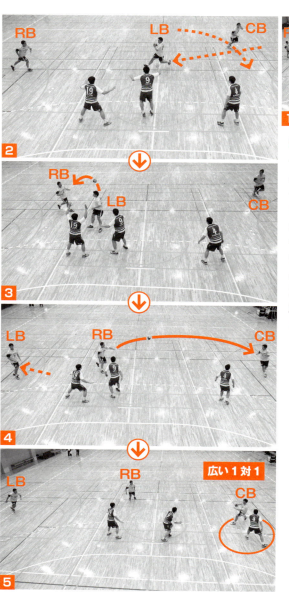

センターがバランスを整える

センターからのパスを受けた左バックが、写真3で右バックとクロス。写真左側の2対2でDFを寄せて、右側に広い1対1ができている。

センターがパスした後に左に大きく開いたことで、コート上のバランスが整った。移動したセンターは写真5のように広い1対1を攻めて、パラレルでずらしていく。

P OINT

センターがパスした後に動かなければ、狭いところに人が密集してしまいます。センターのパス＆ランが重要です。

Lesson **4** コンビネーション
バックセンタークロス

バックプレーヤーがボールを持って、センターとクロス

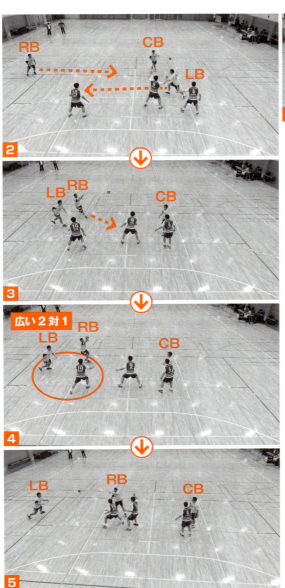

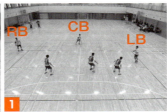

バックプレーヤーが起点

95ページのバックセンタークロスの図の応用。左バックがボールを持ち、写真2でセンターとクロス。センターが間を攻めて、写真左側に広い2対1を作る。パスを出した左バックは、通常は隣の間まで移動する。

写真3では左バックの移動が遅れたため、右バックが先にパスをもらって間にはまり、左バックは外まで移動している。

左バックが動いたことで写真左側に広い2対1ができた（写真4）。右バックは間を攻めて、外にいる左バックにパスを出して余らせる。

POINT

ここではパスを出した左バックが大きく右側へ移動するのがポイントです。右バックの外まで動き、2対1を作ります。

Lesson 4 コンビネーション

ユーゴ

旧ユーゴスラビアで作られた、今でも通用する攻撃

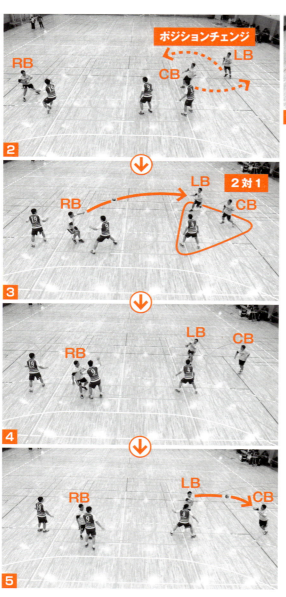

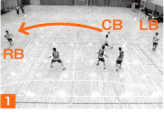

間にはまるための動き

写真2では右バックにボールを預けて、ボールを持たないセンターと左バックがポジションチェンジ。空の動きでDFの間にはまる。

右バックが間を攻めた時点で写真3右側に2対1ができている。右バックからのパスを、左バックは移動しながら間でもらい（写真4）、さらに外にいるセンターまで展開する（写真5）。

POINT

ポジションチェンジではDFの正面ではなく、間にはまること。移動してまでDFの正面に行く必要はありません。

Lesson **4** コンビネーション
ポストを入れた3対3

ポストとの縦の2対2を基本に、もう1人が絡む

スクリーンを利用する

3対3を「ポストを絡めた2対2＋1対1」と分けて考えれば、整理しやすいでしょう。相手に守られた場合にも、ポストが次の手を打てば、攻撃を継続できます。スクリーンから離れて1対1の裏を走ったり、別の場所でスクリーンをかけるなど、ポストの気の利いた動きがカギを握ります。

パターン①

2対2がベース

ポストはサイドスクリーンをかけて（写真1）、バックプレーヤーは2対2の外を攻めながら、ポストへパス（写真3）。2対2だけで決着がついた。

P OINT　3人目はなるべく離れて

2対2がやりやすいよう、3人目は離れた位置を取り、味方のためのスペースを作ります。近くにいると、攻撃の妨げになります。

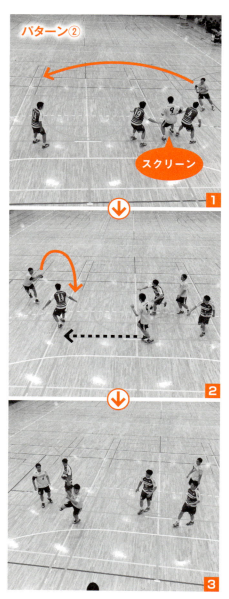
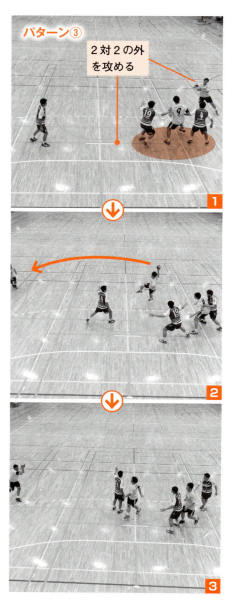

ポストが裏を走る

2対2で片側に寄せて、反対側の広い1対1に展開（写真2）。1対1を守るＤＦの裏にポストが走り込めば、ノーマークでポストパスをもらえる。ポストはスクリーンで押し込んでから、裏のスペースを走る。

ノーマークを生み出す

バックプレーヤーが2対2の外を攻めると、3人目のＤＦが寄ってくる（写真2）。そこで3人目にパスを出せば、ノーマークのチャンスが生まれる。2対2の内側だけでは、こういうチャンスは作れない。

裏走りからスクリーン

2対2でポストはサイドスクリーンから離れて、裏のスペースを走る（写真2）。

しかし真ん中のDFもマークをスイッチしてついてきた（写真3）。3人目が大きくインに攻めてくるのに合わせて、ポストはサイドスクリーンをかけて縦の2対2を作る。

3人目は右の間まで攻め込んで、外に移動していたバックプレーヤーを余らせる。

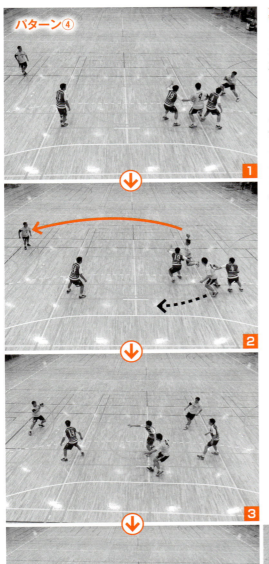

POINT

動きを読まれた後も、反対側で2対2を作って攻撃を継続させます。サイドスクリーンと3人目の大きな移動で、右側に数的優位ができました。

対角のポストパスその1

縦の2対2から広い1対1へ展開（写真1）。ポストが裏を走る動きに、真ん中のDFもついてきた（写真2）。

3人目が大きくインに来るので、ポストは外にサイドスクリーンをかける（写真3）。3人目は写真4の右側の広い1対1にパスを戻す。

1対1が怖いから、右のDFがバックプレーヤーに寄る。その裏のスペースに対角のポストパスを出せば、ポストがノーマークになる。

POINT

正面からのポストパスはなかなか通りません。スクリーンを利用して対角からパスを入れるのが、理にかなったポストパスです。

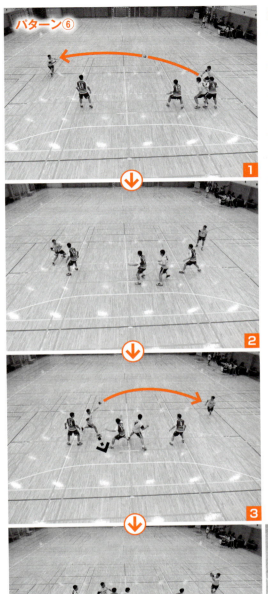

対角のポストパスその2

縦の2対2から、広い1対1へ展開（写真1）。ポストがスクリーンから離れると、真ん中のDFが対応してきた（写真2）。

右側のバックプレーヤーが間を攻めると、真ん中のDFも寄ってくる（写真3）。ポストはサイドスクリーンを仕掛けて、真ん中のDFをせき止める。

写真4右側で待つバックプレーヤーから対角のポストパスをもらえば、ノーマークで打ち込める（写真5）。

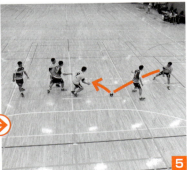

POINT

パターン⑤は3人目がインに来ました。真ん中のDFがインを警戒したから、パターン⑥では3人目が広くなったDFの間を攻めました。どちらも3人目が広くなったスペースを狙い、真ん中のDFが3人目を見ている隙に、ポストがスクリーンをかけています。

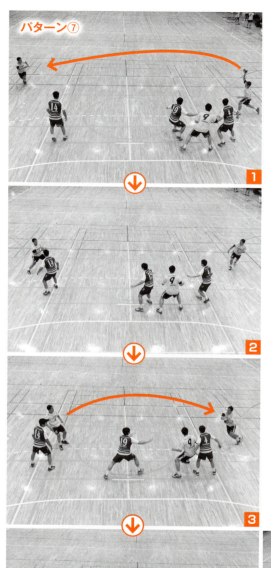

ひと手間かけた古典的2対2

縦の2対2から、広い1対1へ展開（写真2）。右バックが間を狙うと、真ん中のDFが警戒する。その隙にポストは右端のDFにサイドスクリーンをかける（写真3）。右バックはリターンパスをもらってインに動きながらポストパス（写真4）。2対2の内側だけのプレーだが、3人目の力を借りればすんなり決まる（写真5）。

POINT

右バックが間を攻める隙に、ポストが右端のDFにサイドスクリーンをかけました。右バックがインに動いた時点で、実質3対2です。

Lesson 4 コンビネーション
速攻の考え方

段差とスペースをわかっていれば、速攻は理解できる

速攻を40m×20mのフルコートの6対6と考えれば、狙い目が見えてきます。ハーフコートよりもスペースが広く、DFは段差だらけ。スペースが広いほど1対1はOFが有利だし、段差を的確に攻めれば、数的優位が生まれやすくなります。DFの配置も整っていないので、連携ミスも起こりやすくなります。相手が整う前にチャンスを狙いましょう。

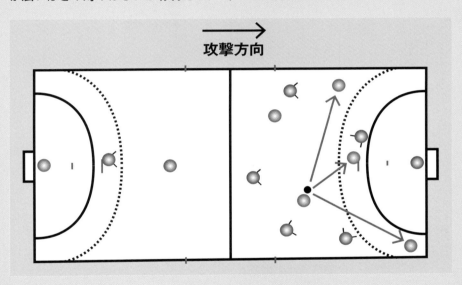

攻撃方向

攻撃回数のコントロール

1試合の平均的な攻撃回数は60回ぐらい。速攻主体で70回以上にすると30点ゲームになります。テンポを落としてセットOF主体で50回ぐらいにすると、20点以下のロースコアになります。どういうスコアで勝つかを考えて、テンポをコントロールしてください。

Lesson 4 コンビネーション
1次速攻、2次速攻、3次速攻

コートの遠めからパスコースを探していく

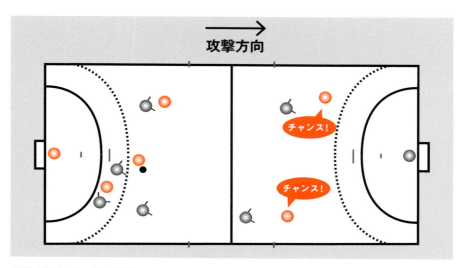

攻撃方向

チャンス！

チャンス！

1次速攻のパス出し

速攻のパス出しでは、コートの遠くから見るのが大原則。まずはゴールを見て、ゴールがあいていなければ敵陣の角を見て、そこから徐々に近くを見ながらパスを出せる味方を探していきます。遠くから見る習慣をつけておきましょう。

片手キャッチ

POINT

速攻では片手キャッチが必須。相手と競った場面で役立ちます。片手なら捕れる範囲も広いので、乱れたパスにも対応できます。

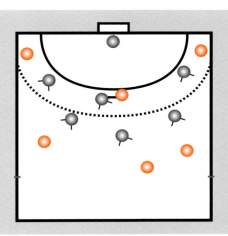

2次速攻

　ポストがコート中央にいたりすると、相手のＤＦが広がりません。ＤＦを広げるためにも、両サイドが角を取り、ポストが６ｍラインに位置を取るのが基本です。後追いしてくる３人（主にバックプレーヤー）のためにも、広いスペースを作りたいところです。

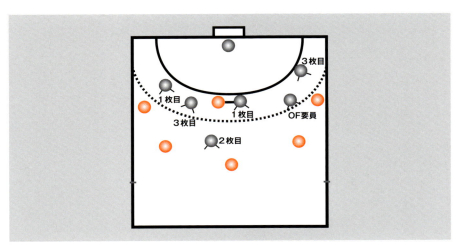

3次速攻

　ＤＦの６人が戻っても、まだ配置がバラバラだったり、段差ができている状態。セットＤＦの本来の配置ではない時点で、通常より隙は多いはずです。また段差があるなら積極的に狙うべき。セットで落ち着く前に、３次速攻でもうひと押しを。ＤＦ要員を入れさせない勢いで、速い展開にもちこみましょう。

Lesson 4 コンビネーション
クイックスタート、ゴールキーパーの球出し

クイックスタート、速攻で、GKの球出しは重要

クイックスタート

失点した直後に取り返すのがクイックスタート。GKは失点したらすぐにセンターラインにボールを返す。
セットOFよりも相手のDFが整っていないので攻めやすさもあるが、基本的には－1点を0に戻すための戦術。乱発すると、失点が増えるリスクもある。相手が苦労して1点取った直後に仕掛けるのは効果的。

ゴールキーパーの球出し

速攻では、GKはライナーパスと山なりのパスを使い分ける。味方がフリーならライナーパス。DFと競っていたら山なりのパスを前方に出し、味方を走らせる。ライナーパスのフェイクでDFを引きつけてから、山なりのパスで味方をフリーにする合わせ技もある。

Lesson 5
ポジションスキル

ポジションごとに求められる役割、
特殊な技術をまとめました。

Lesson 5 ポジションスキル

バックプレーヤーの基本
前を狙い続けるタフさと、周りを活かせる視野の広さ

考え方 / 技術 / 練習方法

3ポジション対応可能に

ポジションチェンジが頻繁な現代ハンドボールでは、バックプレーヤーは3ポジションがすべてできないといけません。3人ともパスがさばけて、シュートが打てて、左右どちらにも切り込めないと、攻撃が偏ってしまいます。エースでもパスがさばけて、センターでも打てる選手を目指しましょう。

1 利き腕がずれたら打つ

前を狙う強さがないと、DFを引きつけられない。隙あらば打つ姿勢を見せればDFが寄って、周りにチャンスができる。

2 エースなら打ち続ける

エースであれば、入らなくても打ち続ける心の強さが必要。やみくもに打つのではなく、工夫したシュートを。

3 周りを活かす

バックプレーヤー3人だけでボールを回すのは悪いパターン。サイドとポストを活かして、幅広く攻撃を組み立てる。

Lesson **5** ポジションスキル
枝をかわすミドルシュート

DFの連携の裏をかくシュートで、駆け引きを制す

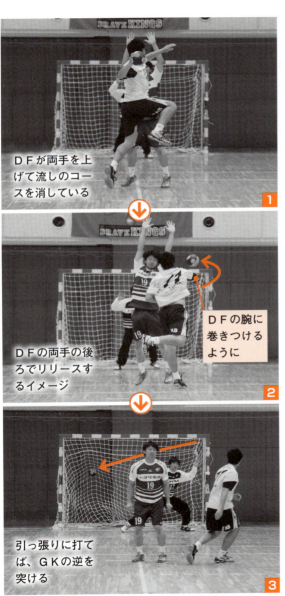

- DFが両手を上げて流しのコースを消している 1
- DFの両手の後ろでリリースするイメージ
- DFの腕に巻きつけるように 2
- 引っ張りに打てば、GKの逆を突ける 3

枝を巻いて打つ

右利きのシューターに対してDFが流しを消して、GKが引っ張りを受け持っている。

シューターはDFの枝(あげた両手)にかぶったと見せかけて、ヒジから先をDFの腕に巻きつけるようにして引っ張りに打つ。

DFの枝からボールが見えたら、GKは慌てて流しに反応しがちなので、引っ張りまで持っていけば、逆を突ける。

POINT

引っ張りに打つ以外にも、GKが流しに寄ってくるのを利用して、股下や頭上に打つ駆け引きも効果的。GKを観察して、打ち分けましょう。

115

Lesson 5 **ポジションスキル**

ワンバウンドのロングシュート

しゃがんだGKの頭の上をワンバウンドで狙う

入射角、反射角を考えて

ロングシュートをワンバウンドで打って、GKをしゃがませる。弾んだボールはスライディングしたGKの頭の上を越えていく。

ワンバウンドしたボールがクロスバーを越えないよう、どれくらい前で弾ませたらいいのか、角度を考えて普段から練習しておく。

しゃがんだGKの頭上にシュートが入る

POINT

低めの隅を狙うだけでなく、こういった技があると、駆け引きが楽になります。1本でも見せておけば、GKはスライディングを躊躇します。

Lesson **5** ポジションスキル

クロスからのシュート

DFのマークがずれた隙に打ち込む、定番の攻撃

センターはしっかり前を狙ってDF2人を寄せる

1

2

3

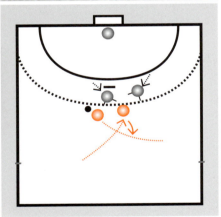

利き腕がずれた瞬間に

センターが前を狙い、DF2枚を寄せる。左利きの右バックがクロスで回り込んでパスをもらう。インへ大きく回り込みながら、ボールをもらう直前は鋭角に入っていく。左腕がずれたら即シュートを放つ。

POINT　クロスはなるべく鋭角に

DFを寄せるために、センターは縦に攻めて、右バックは鋭角に入ります。DFを寄せれば、クロスで利き腕がずれた瞬間に狙えます。

Lesson 5 **ポジションスキル**

バックプレーヤーの位置取り

正しい位置を取ることで、プレーの選択肢が広がる

位置取りは9mの外の膨らみ

左バック、右バックは9mラインの外の膨らみあたりに位置を取る。この位置にいれば、センターとの距離が取れて、DFを広げることができる。サイドへのパスもカットされにくく、ゴールに向かって一直線にカットインもできる。

日本のほとんどのバックプレーヤーがそれよりもイン（内側）に位置を取りがちだが、間合いが近くなるし、DFを広げられていない。

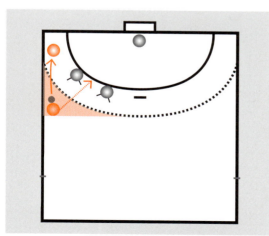

9mの外の膨らみに位置を取れば、サイドへのパスコースを確保できるし、ゴールに向かって真っすぐ切り込める。インに寄ると、このメリットが消えてしまう。

Lesson 5 ポジションスキル
アウトスペースを攻める

いきなりロングを打つ前に、DFを広げるひと手間を

アウトを攻めれば、2枚目のDFが寄ってくる

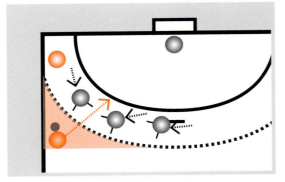

アウトスペースを攻めることで、2枚目のDFが寄る。そうすれば自然と3枚目のDFも寄ってくる。3枚目の大きな2人を引き離すことに成功した。

DFを広げる最初の一手

特に試合の入りでは、バックプレーヤーがアウトスペースを狙うのが定石と言われている。なぜならアウトを攻めることでDFが広がり、ロングシュートを打ちやすくなるから。真ん中に並んでいる大きい3枚目を引き離せば、ロングを打ちやすくなる。
また1枚目のDFが寄れば、サイドへ展開できる。

Lesson 5 ポジションスキル
サイドへの飛ばしパス
DFの状況を見て、ノーマークの味方にパスを通す

左側の3対3の状況。左バックに1枚目のDFがついてきた

センターは飛ばしパスで左サイドを余らせた

クロスアタック対策
左側の3対3で、2枚目と3枚目がセンターを守りにきた。この時点で他の場所に数的優位があるのがわかる。
左バックに対して、1枚目のDFがクロスアタックで詰めてきた。センターは左バックを経由せず、左サイドへ飛ばしパスを出す。

POINT
5：1DF（172ページ）で、トップがセンターをタイトに守る場合も、飛ばしパスは有効です。左バックと右バックで飛ばしパスを使い、広い5対5を攻めます。

Lesson 5 ポジションスキル
ポストパスのアイディア

バリエーションがあれば、先手を打つことができる

ストーリー性のあるパス

　ポストパスの通し方にもストーリーがあります。「相手がこう来たから、こう通す」といった根拠があれば、ストーリーは無限に広がります。得意なパスだけだと、相手に読まれてカットされます。相手と駆け引きを楽しみながら、パスの選択肢を増やしましょう。

ポストパス①

バックプレーヤーは2対2の外を狙う。DFをアウトに寄せて、スペースが広がったところで、対角にバウンドパスを出す。ゴールエリア内に弾んだボールをポストが片手キャッチする。
ゴールエリア内で捕球させるために、バウンドさせる地点は少し遠めに。スピン回転をかけておけば、よりポストが捕れる範囲に届きやすい。

アウトを攻めて、DFを外に寄せる

サイドスクリーンをかけているポストへバウンドパス

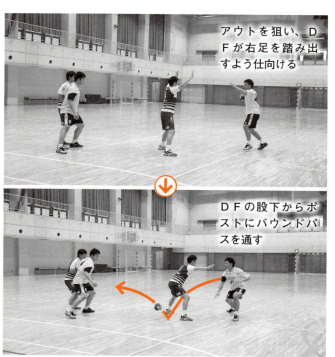

ポストパス②

バックプレーヤーがアウトを攻める。大きく左に1歩ステップしたら、DFが右足を横に踏み出した。広がった股下にバウンドパスを通す。
足でついていきたいDFの習性を利用する。

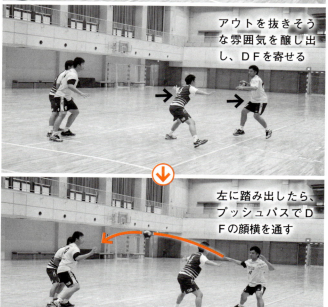

ポストパス③

バックプレーヤーはアウトを攻める。DFは先ほどの股下パスを警戒し、重心が低くなっている。
バックプレーヤーは2対2の外を抜くと見せかけて、プッシュパスでDFの顔横を通す。DFから見て左側の顔横あたり。アウトを意識していたDFは、反対側のパスへの反応が遅くなる。

ポストパス④

バックプレーヤーはアウトを狙う。DFはこれまでのポストパスを警戒している。
バックプレーヤーは右足を出し、背中でアウトをすり抜けるフェイントを見せて、そこからバウンドパスをポストに通す。

ポジションスキル

DFはこれまでのポストパスを警戒している

バックプレーヤーはアウトを狙う

背中ですり抜ける姿勢からバウンドパスを出す

POINT　ポストパスのコツ

①前を狙いながらパスを出す
100％ポストパス狙いでは守られてしまいます。前を狙ってDFを抜けたらシュート。DFが動いたらポストパス。両方の選択肢を持っておきましょう。

②対角のポストパスを意識する
ポストと正対したままでは、なかなかパスが通りません。互いに反対方向へずれて、斜め（対角）からパスを入れるイメージを共有しておきたいところです。

③隣を経由して、対角で狙う
真ん中の2対2だけでなく、隣のバックプレーヤー経由での対角のパスを入れる選択肢もあります。ロングシュートを狙いながら隣にパスを出すのがコツです。

ポストパス⑤

ＤＦとかぶりながらステップシュートを狙い、ポストへのバウンドパスに切り替える。

ステップシュートを打つ間合い、位置取り、腕の振りがあるから、ＤＦは固まる。ＤＦの両手が上がった隙に、バウンドパスを通す。

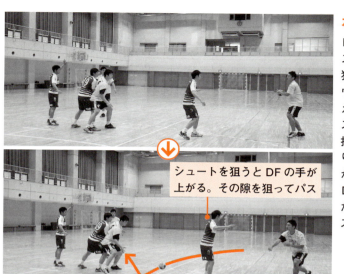

シュートを狙うとＤＦの手が上がる。その隙を狙ってパス

別アングル

POINT

ステップシュートはＤＦとかぶりながら、少し間合いを取ります。ＤＦと陰になる位置取りで、本当に打てる状態からパスを出します。

Lesson ⑤ ポジションスキル
サイドプレーヤーの基本

味方が作ってくれたチャンスを確実にゴールする役割

決定力が求められる

一番の仕事はサイドシュートです。バックプレーヤーがずらして作ったチャンスを確実に仕留めることで、セットＯＦの流れをよくします。サイドシュートが決まることで、チームのＯＦが成立します。ＤＦに当たられたり、角度のないところからでも決め切る決定力が求められるポジションです。

1 角を取る

ＤＦを広げるために角を取る。戻りを速くするために、サイドに角を取らせないチームもあるが、そうするとバックプレーヤーとの距離が近くなり、スペースも狭くなってしまう。

2 6mライン中央に向かう

ゴールとの角度を取るために、角から６ｍラインの真ん中へ跳ぶ。１歩目で方向づけをして、２歩目で加速して、３歩目で高く跳ぶ。滞空時間が長ければ、ＧＫを観察してコースを狙える。

3 ラインクロスしない

実線を含めて６ｍなので、少しでも踏んでしまうとラインクロスになる。普段の練習で歩幅を覚えておくこと。走り込む前にサイドラインを踏んでもラインクロスを取られる場合もある。

4 当たられる前に打つ

DFに当たられて7mスローをもらおうという考えでは通用しない。最初から決め切るつもりで、相手に当たられる前に跳ぶことを意識する。そのためにも角を取って、DFとの距離を作っておきたい。

5 当たられても決める力を

もしDFに当たられたとしても、最後までシュートを諦めない。
当たられても体幹がぶれないだけの強さと、決め切れる技術があって初めて、7mスローの判定がついてくる。最後までシュートを狙う姿勢を忘れないように。

 7mスロー狙いはNG

最初から7mスロー狙いで跳んでも、フリースローにしかなりません。DFに押された演技などは厳禁です。

Lesson 5 ポジションスキル
目と手のずれを理解する

自分の視線と手の位置とで、ゴールの見え方が変わる

角度の違い

サイドシューターから見て角度がなくても、リリースするボールから見ると予想以上に角度があったりする。
普段から目と手のずれを理解しておけば、遠めの精度がよくなる。

POINT

長座でシュート

ゴールライン付近で長座になり、遠めのサイドネットを狙って打ちます。慣れてきたらゴールラインの外からゴールに入れてみてください。

Lesson 5 **ポジションスキル**

近め遠めの打ち分け

サイドシューターはコースに打ち分ける技術が生命線

遠めの精度に差が出る

　高く、遠くに飛ぶことで、ＧＫも移動せざるを得ません。ＧＫがバーから離れて１歩横に踏み出したら、近めを狙います。ＧＫが近めに張りついていたら、遠めを狙います。この時に上体を倒したり、腕を横振りにすると、シュートがぶれてしまいます。上体を垂直に保ち、縦振りで遠めを狙います。

空中でGKを観察する

６ｍラインの真ん中方向に跳び、角度を稼ぐ。上体を垂直に保ったまま、ＧＫの動きを観察する。
ＧＫが左足で一歩外に動いたので、近めがあいた。サイドシューターはあいている近めを狙う。

POINT

遠めを狙う時は、奥のサイドネット全体を狙います。奥のゴールポストをピンポイントで狙うよりも的が広くなるので、コントロールがつきます。

Lesson **5** ポジションスキル

逆スピンからの浮かし

GKの対応のさらに上を行く、高度なシュート技術

最初は上から打つ体勢でとび込む

逆スピンを警戒したGKが踏み出す

手首を返して、GKの頭の上を抜く

GKをしゃがませてから

角度を取りながら、GKの外側の足（写真では左足）が届かないところに下からの逆スピンを打つ構えを見せる。
GKは左足を大きく踏み出して、重心が下がった。GKが低く崩れたのを確認したら、手首を返してGKの頭の上を狙う。

POINT

下からの逆スピンを狙って、GKが足を出してきたら浮かしに切り替えます。浮かしの選択肢を見せておけば、逆スピンや遠めが効いてきます。

Lesson 5 **ポジションスキル**

サイドの1対1

自分から仕掛ける積極性が、サイドにも求められる

相手の頭にないプレーを

サイドは「待ちのポジション」と言われていましたが、今のハンドボールでは自分から仕掛けるサイドが必要です。狭いスペースでも1対1を仕掛けていきましょう。サイドが1対1に強ければ、残りの5対5が広くなります。サイドの1対1からずらせるようだと、バックプレーヤーがとても助かります。

目の前の1対1で、DFを寄せる

味方からのパスを返すだけでなく、目の前の1対1を積極的に仕掛けて、DFを寄せる。DFが油断していれば抜く。
連続写真ではインに踏み出してDFを引きつけてから、スイングフェイントでアウトに抜いている。

POINT

サイドからのステップシュートも面白いアイデアです。DFの手が上がっていない時が狙い目。相手の頭にないプレーを仕掛けましょう。

Lesson 5 ポジションスキル
切りのタイミング

サイド主体で切って、バックプレーヤーが合わせる

大まかなタイミングでいい

サイドが切ってダブルポストになる動きは、タイミングを細かく決めすぎると合わせにくくなります。反対側からボールが返ってくるのに合わせて切る以外は、あまりこだわらなくてもいいでしょう。バックプレーヤーが瞬時の2対2を見抜く力があれば、サイドの切りに合わせて対応するだけです。

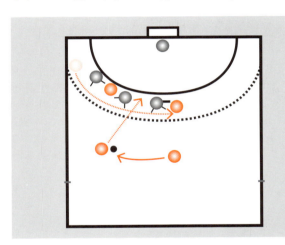

ポストを端に置き、DFを広げる

ポストを1枚目と2枚目の間に置いて、DFを端に寄せる。
右バックからセンター経由でボールが戻ってくるのに合わせて、左サイドが切る。左サイドが3枚目の間に入れば、2枚目と3枚目の間にスペースができるので、左バックはそこを狙う。

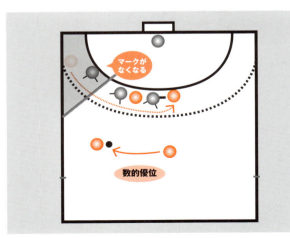

ポストを2枚目と3枚目の間に

ポストを2枚目と3枚目の間に置いた場合、左サイドが3枚目の間に入ることで、1枚目のDFのマークがいなくなった。コート上が実質6対5になっているので、プラス1(1人余った状態)が作れる。

Lesson 5 ポジションスキル
切りから戻る

形だけを真似るのではなく、論理的にプラス1を作る

近年流行の戦術だが

ヨーロッパでよく見られる戦術ですが、ただ切って戻るだけではチャンスは作れません。バックプレーヤーがポストとの2対2で1枚目のDFを固めておくから、サイドが戻った時にノーマークになるのです。2対2が下がっていれば上から戻り、2対2が浮いていれば裏を走って戻ります。

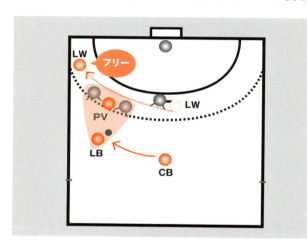

2対2で1枚目のDFを固める

ポストを1枚目と2枚目の間に置き、左サイドは3枚目の間に切る。左バックとポストが縦の2対2で、1枚目のDFを固めている。また3枚目のDFは真ん中の守りを捨ててまでサイドをマンツーマンで追いかけられない。だから左サイドが戻ると、ノーマークになる。

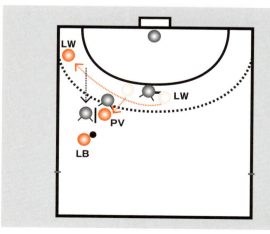

ポストの位置が変わっても

ポストを2枚目と3枚目の間に置き、左サイドが3枚目の間に切る。マークがいなくなった1枚目のDFが左バックにつく。ポストが浮いて1枚目のDFにスクリーンをかければ、2枚目のDFも浮かざるを得ない。裏のスペースを左サイドが戻れば、左サイドでノーマークになる。

Lesson **5** ポジションスキル

受け身

受け身ができればケガを防げるし、戻りが速くなる

背中で転がる

サイドシューターは打った後に体勢を崩しやすいので、受け身を覚えておく。真ん中へ跳ぶ勢いを利用して、着地後に背中で転がりながら立ち上がると、ケガを防げるだけでなく、すぐに戻れる。

右肩を入れて、自分のお腹を見るような姿勢で丸まれば、くるりと一回転できる。

いきなり床でやると頭を打ったりするので、マットの上か砂場などで練習する。

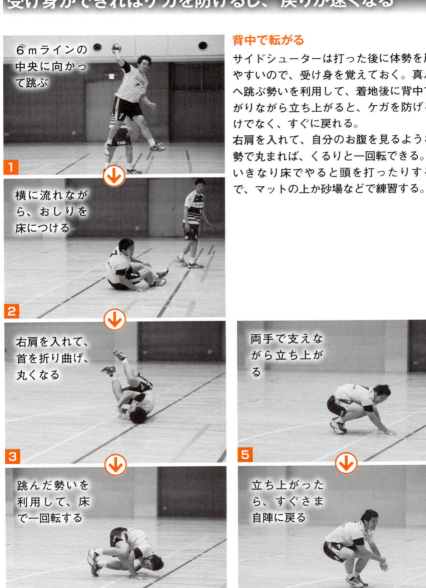

1. 6mラインの中央に向かって跳ぶ
2. 横に流れながら、おしりを床につける
3. 右肩を入れて、首を折り曲げ、丸くなる
4. 跳んだ勢いを利用して、床で一回転する
5. 両手で支えながら立ち上がる
6. 立ち上がったら、すぐさま自陣に戻る

Lesson 5 ポジションスキル
ポストプレーヤーの基本

味方をプレー可能にさせる黒子役。戦術理解が必要

ボールを持たずに動く

　ポストはボールを持たずに動くポジションです。味方がプレーしやすいようにスクリーンをかけたり、ポストパスをもらって決めるのが主な役割。ボールを持ってリズムを作れないため、戦術理解が求められます。本能に反する動きも多いので、反復練習で基本的な動きを身につけておきましょう。

1 ポストの位置で攻撃が変わる
きっかけの動きが同じでも、ポストの位置が変われば攻撃が変わる。攻撃の狙い目をバックプレーヤーと共有することが重要になる。

2 ゴールエリアラインに垂直に構える
ゴールエリアラインに垂直に構えるのがポストの鉄則。サイドスクリーンだけでなく、ポストシュートに持ち込むための基本。

3 バックプレーヤーの逆に動く
バックプレーヤーと同じ方向に動くと、スペースを潰してしまうことになりかねない。逆に動いてDFを引き連れ、スペースを作る。

1 ポストの位置で攻撃が変わる

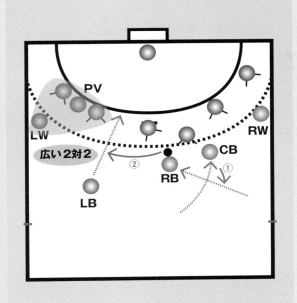

ポストを1枚目と2枚目の間に置く。センタークロスでDFを右側に寄せれば、左バックは2枚目と3枚目の間の広いスペースを攻められる。
2枚目が前に出れば、ポストパスを落とす。

POINT

ポストを端に置くことで、左側に広い2対2ができました。1枚目のDFは小柄な選手が多いので、ポストをマークしようとしてもミスマッチになります。

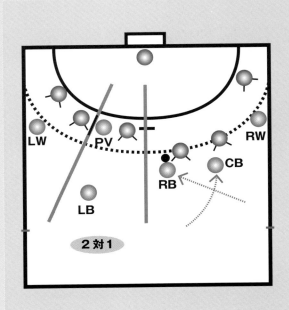

ポストが2枚目と3枚目の間にいる場合。ポストが2枚目の内側にスクリーンをかければ、コート右側が実質5対4になる。
センタークロスでDFを右側に寄せて、中央の広い2対1で勝負。

POINT

同じセンタークロスでも、ポストの位置で狙い目も変わります。センタークロスで寄せて、広い2対2もしくは2対1を攻める発想は同じです。

ポジションスキル

2 6mのラインに垂直に構える

ゴールエリアラインに垂直に構えることで、ポストシュートがスムーズになる。ＤＦが寄ってきても、写真のように片手で相手の動きを封じ、反対の手でパスを片手キャッチすれば、そのままシュートに持ち込める。
初心者はゴールエリアラインに足を揃えて構えがちだが、垂直に構えるよう習慣づけておきたい。

ラインと平行に構える

ゴールエリアラインと平行に両足を揃えて構えると、キャッチの後のターンに時間がかかります。ターンしている途中でＤＦに正面に入られ、オフェンシブファウルを取られる確率が高くなるので、平行に構えるのはＮＧです。

3 バックプレーヤーの逆に動く

バックプレーヤーが右に動いた場合、ポストも右に動くと、スペースがなくなってしまう。反対の左に動けばチャンスが広がる。
ＤＦがついてくればスペースが広がるし、ＤＦがついてこなければ連続写真のようにポストがノーマークになれる。
特に相手がポストをマンツーマンで守ってきた場合は「自分が動くことでスペースができる」意識を持っておくこと。

ポジションスキル

POINT

初心者はついボールを持った選手と同じ方向に動きがちですが、反対側に動くことでＤＦのマークミスを誘えます。反対への動きを体で覚えましょう。

Lesson **5** ポジションスキル
ポストシュートの基本

四隅を狙うよりも、GKの体の近くを狙うコントロールを

SITUATION
GKが前に詰めてきたら
ポストがゴールから目を切ってターンしている隙に、GKは前に詰めてきます。目の前にGKがいても慌てずに打てば、必ず入ります。

狙うべき場所
　GKが前にいるのにゴールの四隅を狙おうとしても、手足で止められてしまう。ピンポイントで四隅を狙いすぎると、枠外に行ってしまう。そういう場合は四隅よりも、GKの体の近くを狙う。腰横や顔横、頭の上など、手足が届きにくいところが狙い目になる。ジャンプしてきたら股下があく。
苦しい体勢からでもループを打てれば、裏のスペースを狙える。練習からGKの体の近くを通す練習をしておくといい。

Lesson 5 ポジションスキル

ダブルポスト

ポストを両端に置くことで、DFを横に広げる

ダブルポストで広くなった真ん中のスペースを攻める

温故知新の戦術

一時期見られなくなったダブルポストが、最近また増えてきた。ポスト2枚を6：0DF（168ページ）の両端に置いて、DFを左右に広げると、真ん中が広くなる。3枚目2人が横への機動力に欠ける場合、特に効果的な攻め方。

サイドが回り込んだり、サイドからポストパスを出せるなど、サイドの選択肢が多いと、攻撃の幅がさらに広がる。

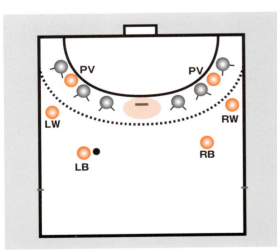

真ん中を広げる

6：0DFの1枚目と2枚目の間にポストを置く。両側で3対3を作れば、真ん中が広くなり、3枚目2人を引き離すことで真ん中からロングを打ちやすくなる。

サイドがポストとの2対2だけでなく、回り込んでロングを打てると面白い。

POINT

ダブルポストではサイドとポストの2対2がカギを握ります。サイドが2対2の外を攻めれば3枚目のDFも寄って、バックプレーヤーがさらに前を狙いやすくなります。

Lesson 5 ポジションスキル
視野外から走り込む

視野外からスペースに走り込む技術も、ポストには必要

1 DFがバックプレーヤーに詰めている

2 裏のスペースにポストが走り込む

DFの裏を走る

DFは自分のマークマンとボールを見ている。その時に突然視野外からノーマークの選手が来たら、自分のマークを捨ててでもつくべきか迷ってしまう。

こういったマークの受け渡しでのミスを誘うために、ポストはDFの視野外から移動する。

DFが強力なバックプレーヤーに気を取られている時に裏を走れば、フリーでパスをもらえたり、バックプレーヤーが打ちやすくなる。

POINT
ポストが裏を走れば、DFは下がり、バックプレーヤーがロングを打ちやすくなります。ロングとポストの二択で、攻撃の主導権を握ります。

3 DFは裏のスペースに気づいていない

4 ポストはノーマークでパスをもらえた

Lesson 5 ポジションスキル
スクリーンでの身のこなし

DFとの競り合いに負けないよう、相手の力をいなす

考え方 / 技術 / 練習方法

ポジションスキル

相手と重心を合わせる

正しい形

スクリーンでは両足を肩幅より少し広げて、先に位置を取る。後から位置を取ろうとしたり、ぶつかったりするとオフェンシブファウルになってしまう。さりげなく先に立っているのが本来の姿。
DFと接触したら、相手と重心を合わせる。棒立ちではなく、重心を合わせれば、相手の力を受け止められる。上半身は背骨や肩甲骨を柔らかく動かし、相手の力をいなす。力で押し返すのではなく、背骨や肩甲骨で力を逃がすことが、身体接触の隠れたポイントになる。

おしりでグリグリ押すと、オフェンシブファウルを取られる

両手でDFを押すのも、オフェンシブファウルになってしまう

141

Lesson 5 ポジションスキル

バウンドパスを片手でキャッチ

片手キャッチで、ポストパスの捕れる範囲を広げる

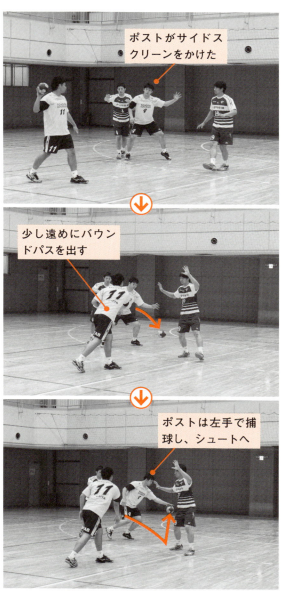

ポストがサイドスクリーンをかけた

少し遠めにバウンドパスを出す

ポストは左手で捕球し、シュートへ

ポストへのバウンドパス

上からのポストパスはＤＦに遮られやすいので、バウンドパスを利用する。バックプレーヤーは遠めに弾ませて、ゴールエリア内でポストに片手キャッチさせる。２人の中間点で弾ませるよりも遠くでバウンドさせるイメージで。

ポストは左右どちらの手でも片手キャッチできるように。特にゴールエリア内の空間であれば、誰からも邪魔されることなく捕球できる。

POINT
ゴールエリア内で捕球

片手キャッチでエリア内の空間を活用。捕り損ねても、ゴールエリア内でドリブルして捕球し直せば問題ありません。

Lesson **5** ポジションスキル

ポストのターン

左右両方にターンできれば、DFを振り切れる

1 相手と重心を合わせて、位置を取る

2 パスを捕球して、ターンの体勢に

3 重心を落としながらくるりと回る

利き腕側にターン

パスキャッチからシュートに持ち込む時のオーソドックスなターン。回転とシュート動作が一連の動きになるので、特に難しくはない。ポイントは小さく鋭く回ること。そのためには重力を利用する。
写真1ではポストとDFの重心がほぼ同じだが、写真3ではポストのほうが低くなっている。重心を落としながらターンすることでDFを振り切れるし、ターンが素早くなる。

4 真上に跳びながらGKを観察する

逆側にターン

利き腕側しかターンできないと、DFに守られてしまう。逆側にもターンできれば、DFを振り切ることができる。

ターンのコツはやはり重力を利用すること。写真1と4とでは重心の位置が明らかに違う。重心を下げながら小さく鋭くターンして、GKと正対してから真上にジャンプして、シュートコースを探す。

OINT

重心を下げる感覚は、後ろからヒザかっくんをされた時のイメージ。ストンと落ちながら回転すると、重力の力で楽に身体を回せます。

フェイクを入れる

左右両方にターンできれば、ＤＦとの１対１で駆け引きができる。写真１では利き腕側にターンしようとしている。
ＤＦがついてきたので、そこから逆側に切り返してターンした。行きたい方向と逆に一度押し込んでおくのは、フェイントと同じ。逆側にフェイクを入れてから利き手側に切り返す方法もある。

行きたい方向と逆にフェイントをかける

シュートに入るまでボールは内側に

POINT

スクリーンから離れる時も、ＤＦを一度押し込んでから離れると、ＤＦの反応が遅れます。そういう細かいひと手間がポストの仕事です。

ポジションスキル

SAKAMAKI'S THINKING ABOUT HANDBALL

7人攻撃がハンドボールを変える

　2016年度のルール改正で、GKとCP（コートプレーヤー）が交代しやすくなりました。以前だったらGKと交代で入るCPは、GKと同じ色のユニフォーム（もしくはビブス）を着る必要がありました。GKと交代できるのもビブスを着たCPだけでした。しかし今回のルール改正で、GKはどのCPとも交代が可能になりました。これによって7人攻撃を仕掛けやすくなりました。

　従来であれば、ビブスを着たCPがベンチに戻りやすいよう、7人攻撃に絡む動きがある程度制限されていました。ところが新ルールではGKは一番近くにいるCPと交代すればいいので、7人目のCPがじっくりと攻撃に参加できるようになりました。もちろんリスクもあります。CPがコート上に7人いる状態では、誰もゴールエリア内を守ることはできません。

　今回のルール改正で、7人攻撃を仕掛けるチームが増えるでしょう。現にヨーロッパではどの国も7人攻撃に積極的にトライしています。そうなると、今度はGKの脚力が必要になってきます。素早くベンチに帰って、攻撃が終わるとすぐにゴールに戻らないといけないので、何度も往復できるダッシュ力とスタミナが求められるようになるでしょう。これまで以上にGKの運動能力が問われる時代になってきました。

　GKとCPの交代が自由になることで、ハンドボールが大きく変わりそうです。

Lesson 6
ディフェンス

DFができる選手でなければ、
ハンドボールでは仲間から信頼されません。

Lesson 6 ディフェンス

DFの基本

ハンズアップ&ニュートラルな構えが基本

両手を上げて、片足を前に

股関節とヒザを軽く曲げて構えるのがDFの基本姿勢。相手の勢いを受け止めるために、重心を少し下げて、片足を前に出します。猫背にならないよう背筋を伸ばし、背骨周りの筋肉に程よい緊張感を保ちます。両手を上げるのはシュートを防ぐだけでなく、シューターの視野を妨げる効果もあります。

- 相手から目線を切らない
- 重心は前すぎず後ろすぎず
- 片足は一歩前へ
- 両足は肩幅よりも少し広く

POINT

前後左右に動ける構え

足でついていくために、どこにでも動けるニュートラルな構えを意識してください。前傾すぎたり、後傾すぎると、反応が鈍くなります。

Lesson **6** ディフェンス

マークマンとボールを視野に入れる

両方から目を切らないよう、全体をとらえる

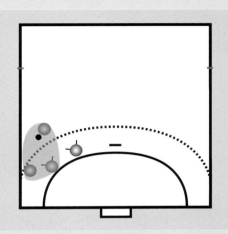

周辺視野で全体を見る

ＤＦは自分のマークとボールを、常に視野に入れておく。マークマンを中心に見ながら、周辺視野でボールをとらえておきたい。
集中しようとすると返って視野が狭くなるので、全体を絵のようにとらえつつ、マークマンの視線なども観察する。

POINT

サイドＤＦ（１枚目）だと、マークマンとボールが離れていることが多いので、絶えず首を振りながら両方を確認します。いいサイドＤＦほどキョロキョロしています。

Lesson **6** ディフェンス

足の出し方と方向づけ

明確な意図を持って片足を前に出し、方向づけをする

利き腕をつぶす

コースを制限する

別アングル

利き腕側の足が前

別アングル

行かせたくないほうの足が前

利き腕かコースか

右利きのシューターの利き腕をつぶす場合は、左足を前に出して構える。それが打たせないための基本姿勢。シューターを右側に行かせたくない場合は、右足を前に出して構える。チーム全体で「確率の悪い右サイドに打たせる」意図がある場合、足を出して方向づけをする。

両足が揃った状態だと、左右両方に抜かれやすくなります。足が遅れて、手だけで絡むと反則になるので注意。

Lesson 6 ディフェンス
コンタクト

体を張って、クリーンに激しくファイトする

左手で相手の利き腕を押さえ、シュートを防ぐ

別アングル

右手で相手の腰を押さえ込み、動きを封じる

手だけで当たると、反則になりやすいので注意。DFは足でついていくのが基本。両足が揃うと、手だけになりがちです。

捕まえたら、重心を落とす

体幹部で相手に当たりながら、左手で利き腕を押さえて、シュートを防ぐ。右手で腰を押さえて、捕まえる。相手を押さえ込んだらさらに重心を下げて、相手が動けないようロック。シュートを打てない、動けない状況に相手を追い込み、フリースローを取る。

Lesson 6 ディフェンス

エリアに応じて強弱をつける

エリアごとに約束を徹底して、余計な退場を減らす

エリアごとの守り方

ゴールまでの距離に応じて、守り方にメリハリをつけて、無駄な退場を減らす。自陣10ｍより外のⒶからのロングシュートはそんなに入らない。だから足でマークマンについていくだけでいい。9〜10ｍのⒷになるとロングもありうるので、両手を上げて守る。9ｍの内側Ⓒに相手が入ってきたら要注意。シュートの確率が高くなるので、しっかりとコンタクトする。Ⓒのゾーンに相手を入れないのが、ＤＦの基本的な考え方。

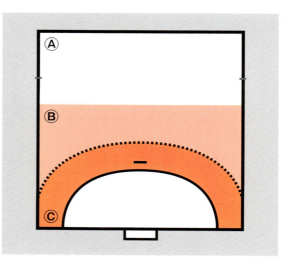

Ⓐ足でついていく

10ｍよりも遠いところからいきなり打ってくることは考えにくいし、打っても確率はかなり低いので、足でついていくだけで十分です。

Ⓑ手を上げる

10ｍぐらいからはロングが入る危険性があるので、両手を上げてロングに備えます。シュート力のある選手には11ｍぐらいから手を上げます。

POINT

シュート力のある大型選手がいるチームと対戦する場合、11ｍから手を上げて、ロングシュートに対応する選択肢も頭に入れておきましょう。

Ⓒコンタクト

9ｍラインの内側はしっかりとコンタクトしないと、ミドルやカットインで失点してしまいます。正面から激しく当たって、利き腕をつぶします。

Lesson 6 ディフェンス
ドリブルカット

ボールが弾んでくるところに手を入れて、カットする

ボールを追わず、相手のボールと手の間に自分の手を入れる

ボールは必ず戻ってくる

相手の手と、床から弾んだボールの間に手を入れれば、簡単にドリブルをカットできる。なぜならドリブルしたボールは必ず相手の手に戻ってくるからだ。ボールを追いかけ回さずに、待っていればいい。特に相手が立ったままドリブルしている時が狙い目になる。

ボールから遠い手でドリブルカットをすると、空振りした時に抜かれてしまいます。ボールに近い手で狙ってください。

Lesson 6 ディフェンス
シュートブロック

打たれた時の最終手段。腕を伸ばして阻止する

真上に跳ぶのが基本

シュートを打たせないのがベストだが、打たれた場合にはシュートブロックで対抗する。

両手を上げて、真上に跳ぶのがシュートブロックの基本。両手が揃っていないと、腕と腕の間から打ち込まれてしまうので、GKが捕りやすいように両腕を揃えて壁を作る。シュートとタイミングを合わせて、真上に跳ぶ。

シュートフェイクにひっかからないよう、最後まで相手の動きを見る。シュートは怖いが、最後まで目をそむけないように。

真上に跳ぶ

POINT

シュートブロックではGKと連携してコースを消すことに意義があります。1人が流しを消して、もう1人が下のコースを消して、残った引っ張り上をGKが捕るといった高度な連携も存在します。

Lesson 6 ディフェンス
ポストの守り方

後ろから抱えないで、必ず前に出てパスをカット

ポストは前で守る

先読みと機動力で前に

ポストを守る時は、前で守る習慣をつけておく。大きいポストを後ろから抱え込もうとすると、振り回されて退場になってしまう。ポストパスが入りそうになったら展開を先読みしてポストの前に回り込み、ボールをカットする。

小さくても先読みの力と機動力があれば、大型ポストを守れる。そのためのフィジカルとフットワーク、さらには展開を読む力を身につけておきたい。

展開を先読みして回り込む

 後ろで守ると退場に

力任せにポストを後ろから抱え込むと、大きいポストが相手だとかなりの確率で失点し、なおかつ退場に追い込まれてしまいます。

155

Lesson 6 ディフェンス

2対2の守り方

「そのまま」と「チェンジ」の判断を100％の精度で

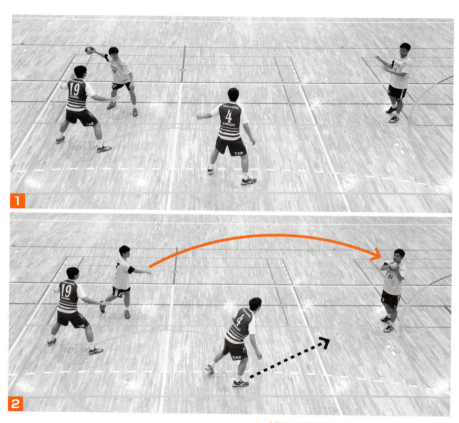

P OINT

パラレルに対しては、間を割らせないことが肝心です。1対1でついていけないから2人が寄って、外に余ってしまうのです。間を割らせないためには脚力が必要です。

パラレルには
マンツーマンでついていく

相手がパラレルで攻めてきた場合は、マンツーマンで守る。2人の段差を作らないようにしながら、自分のマークマンにひたすら足でついていけば、理論上は必ず守れる。相手は絶対に交差しないし、DFを広げたい意識でいるため、隣とマークの受け渡しをする必要はない。

クロスでの受け渡し

クロスに対しては、マークの受け渡しで対応する。言い方は「チェンジ」もしくは「スイッチ」等、人によって違うが、マークを受け渡しする意味は同じ。相手がクロスした瞬間にマークをチェンジすれば、ボールを持つ選手が入れ替わってもマークが取れている状態は変わらない。

2人の間で約束事を決めて、声をかけ合いながらマークを受け渡す。

ディフェンス

1 対面をマークした状態で、センターが間を攻めてきた

2 左バックがクロスした瞬間に、マークを受け渡す

3 ＤＦラインに段差がなく、マークも取れている

POINT

マークの受け渡しを繰り返すと、ミスマッチが生じます。小さい選手でも大型選手に押し負けないよう、フィジカルを強化しましょう。

ポストがスクリーンをかけてきたら

ポストがスクリーンをかけてきた場合にも、マークを受け渡す。写真１は縦の２対２で、ＤＦラインがない状態。そこからポストが浮いて、バックプレーヤーを見ているＤＦにサイドスクリーンをかけてきた（写真２）。

ポストを見ていたＤＦはスクリーンを利用しながら、ポストをさらに押し上げる（写真３）。バックプレーヤーは攻め込めないし、パスも出せない状態でポストとクロス。

ＤＦはマークをチェンジしながら、ＤＦラインを整える（写真４）。

POINT

ＤＦラインのない状態からポストを押し上げる動きを利用して、最終的に平行なＤＦラインを作ったのが、この守り方のポイントです。

ポストがスクリーンから裏を走ったら

縦の2対2で、バックプレーヤーを見ているDFに対して、ポストがサイドスクリーンをかけに行く（写真2）。

ポストを見ていたDFも追いかけるが、DFが押し上げてラインを整えようとする前に、ポストが裏のスペースへ動こうとしている（写真3）。この時にDFはマークを受け渡して、サイドスクリーンをかけられたDFがポストを受け持つ。

バックプレーヤーからポストパスを出そうとしたところをパスカット（写真5）。もともと写真3の時点で前にいたので、難なくポストパスをカットできた。

POINT

マークの受け渡しさえできれば、あとはポストの守り方の基本通り。ポストの前に出ているので、簡単にパスコースに入れます。

Lesson 6 ディフェンス

2人で挟む

ライン際でよく言われる「挟め」の意味

ライン際の共同作業

一般的に2人で「挟む」と言っても、2人同時に相手を捕まえるのではない。1人が方向を限定して、もう1人が相手を捕まえるのが「挟む」の正体。
連続写真ではポストにパスが通ったところを、右側のDFがコースを制限してポストを左側に追いやり、左側のDFがポストを捕まえて、フリースローにしている。

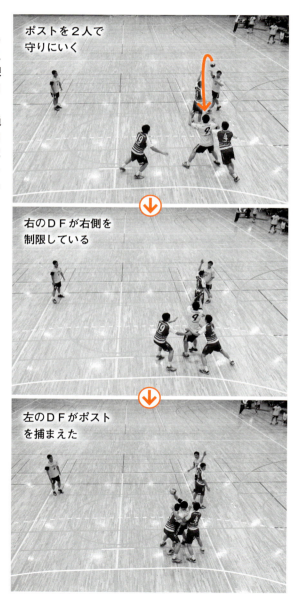

ポストを2人で守りにいく

右のDFが右側を制限している

左のDFがポストを捕まえた

POINT

追い込まれていない相手を捕まえようとしても、逃げられるだけです。味方もしくはサイドラインを利用して、相手の進路を制限します。

Lesson **6** ディフェンス
パスカット

パスを制限する味方がいるから、カットに飛び出せる

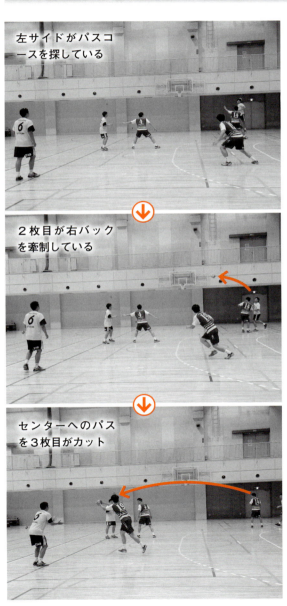

左サイドがパスコースを探している

2枚目が右バックを牽制している

センターへのパスを3枚目がカット

パスカットも連携で

1人でボールを奪おうとしても、そう簡単にパスカットはできない。味方がパスコースを限定してくれるから、迷いなくカットに飛び出せる。

連続写真では左側の3対3で、左サイドがパスを出そうとしている。しかし1枚目が左サイドに圧力をかけ、2枚目が左バックに牽制しているので、左サイドはセンターにパスを出すしかない状況になっている。

そこを見越して写真3では、3枚目がセンターへのパスをカットしている。

P OINT

センターから左サイドへの飛ばしパスでも理屈は同じ。2枚目が牽制に出て、パスコースを制限するから、周りが迷いなくカットに飛び出せます。

Lesson 6 **ディフェンス**

隣にあずける

相手を簡単に切らせないで、マークを受け渡す

コンタクトしながら受け渡す

ボールを持たない選手を簡単に切らせると、マークミスが生じやすい。簡単に切らせないためにもコンタクトしながら、隣の味方にマークを受け渡したい。

連続写真では左サイドから切ってきた選手を、1枚目が外に押し出すように接触しながら足でついていき、2枚目に受け渡している。両手をクロスさせて、体の中心で相手を受け止めながら、そのまま足でついていく。

隣の2枚目と近づいたら、マークをチェンジして、切ってきた選手を2枚目にあずける。

POINT

両手で押すような形になると、反則を取られやすくなります。両手を胸のあたりでクロスさせて、体の中心で当たるようにしましょう。

Lesson **6** ディフェンス
ステップ

DFから目を切らないか、遠くに移動するかで使い分け

サイドステップ

至近距離の移動で、相手から目を切りたくない時は、サイドステップを選択する。目線が上下動しないよう細かい歩幅で、相手と正対した状態を保ちながら移動する。

横に動いて、位置を合わせる

目線がぶれないよう、細かい歩幅で

常に正対しながら、両手を上げる

クロスステップ

移動距離が長い場合は、クロスステップを選択する。途中で相手に正対することよりも、目的地に早く行くことを優先して、足を交差させながら移動する。

手を上げて、正対した状態から

右足を前で交差させながら移動

目的地で再度正対するよう構え直す

Lesson **6** ディフェンス

DFの練習

ボールから目を切らないよう、無駄なくターンする

利き手とコースの連携

三角カットでは攻撃側が作る三角形を2分割して、2人のDFで分担します。1人が利き腕を警戒して、もう1人が残り半分のエリアを受け持ちます。

2人のDFの関係は、GKとDFとの連携と同じ理屈です。あとはパスに合わせて、いかにボールから目を切らずにターンできるかが勝負になります。

三角カット

OFが3人で三角形を作り、その中を2人のDFで守る。DFの1人はボールを持ったOFの利き腕を守り、もう1人は残り半分のエリアを守る。

パスがランダムに回されても、最短距離でボールから目を切らないターンで、連携を維持していく。

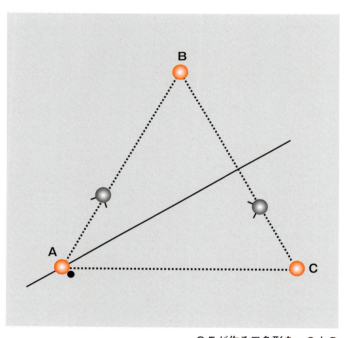

OFが作る三角形を、2人のDFで分担して守る。ボールを持ったAを頂点に三角形を二等分して、ボール側（＝利き腕側）と反対側に分けて考える。DFは三角形の辺上に位置を取り、ボールを持った選手を正面から見ている。

POINT

どちらの足を軸にターンするかを考えだすと混乱します。ボールから目を切らない意識でいれば、どっちにターンするかがわかります。体で覚えましょう。

ディフェンス

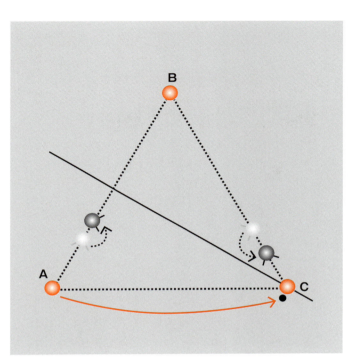

辺上にＤＦがいないＡからＣへパスが通った。
ＤＦはそれぞれ反時計回りにターンして、ボールから目を切らずに新たな連携を作り出す。
ＣにボールがわたＣにボールが渡った状態では、ＢＣ上のＤＦが利き腕をケアし、ＡＢ上のＤＦが残り半分のエリアを受け持つ。

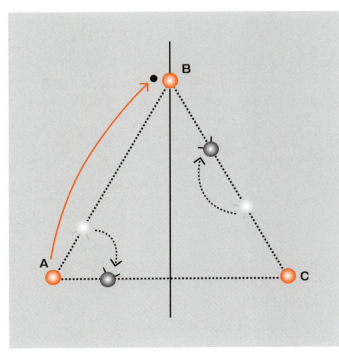

ＡからＢのように、ＤＦの頭越しにパスを通されてしまった場合、ＡＢ上にいたＤＦは三角形内にある左足を軸に時計回りでターンして、ＡＣ上に位置を取る。ＢＣ上にあったＤＦは内側になる右足を軸に時計回りでターンし、同じくＢＣ上でＢを見る。

ルーズボールと攻守の切り替え

ルーズボールやリバウンドを捕れなかった時に「アンラッキー」のひと言で片づけてはいけません。いい選手ほどルーズボールを必死になって捕りにいくし、「味方がここに打ったら、こっちにリバウンドが転がる」といった準備、予測を怠りません。ルーズボールに飛び込む姿勢は仲間を奮い立たせます。

ルーズボール、リバウンドでの大原則は「自分のマークマンが残っている時は、マイボールになるまで速攻に飛び出さない」のひと言に尽きます。チームによっては「サイドDFが飛び出す代わりに、2枚目の選手が残ってリバウンドを見る」といったシステムもありますが、本来であれば「マイボールになったのを確認してから速攻に出る」のが原理原則です。

飛び出しの判断の例をひとつ紹介しておきましょう。相手のセンターがオーバーステップでマイボールになりました。この時にセンターを見ていた真ん中のDFは、すぐさま速攻に飛び出します。この時点で相手のセンターを追い越しているから、速攻で数的優位が作れます。

ところが多くの日本人は、センターをマークしていた真ん中の選手がボールを拾って投げようとします。それでは数的優位は作れません。反則を誘った選手はボールに触れずに、すぐさま速攻に転じる——このセオリーをわかっておけば、真ん中を守っている選手でも速攻でたくさん点が取れるようになります。

Lesson 7
システムごとの守り方、攻め方

システムは一長一短。
どんなDFシステムにも必ず弱点はあります。

Lesson 7 **システムごとの守り方、攻め方**

6:0 DFの守り方

真ん中4人に大型選手を配置し、GKと連携で守る

マークチェンジで守る

ライン際に6人を並べる守り方。一線DFとも言う。2枚目、3枚目に大きい選手を並べて、マークを受け渡しながらゾーンで守る。特に真ん中2人（3枚目）に大型選手を配置できれば、DFの枝とGKとの連携でロングシュートを防げる。
2枚目に機動力のある選手を置き、豊富な運動量で相手の動きを牽制する。

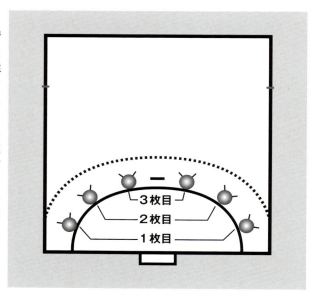

ポストにマンツーマン

相手のポストが大型で、バックプレーヤーに10m以上からロングを打てる選手がいたら、ロングとポストの二択で揺さぶられてしまう。その場合はマークミスでポストをノーマークにしないよう、ポストをマンツーマンで守る。
他の選手はバックプレーヤーのロングを警戒し、思い切り前に詰めることに専念する。

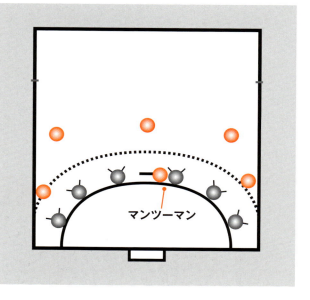

Lesson 7 システムごとの守り方、攻め方

6：0 DFの攻め方

いきなりロングではなく、崩し方にも手順がある

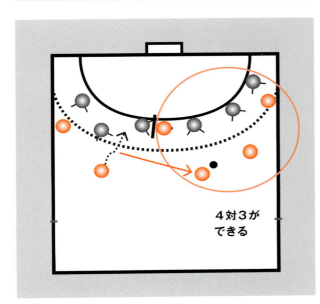

4対3が
できる

右側で4対3を作る

6：0DFを広げるためには、2枚目のアウトを攻めるのが定石。

しかし2枚目がアウトを守ってきた場合、左バックはインを攻めて、ポストは3枚目の内側にスクリーンをかける。左バックが間を攻めた後、右に展開すれば、右側に4対3ができる。この数的優位から6：0DFを崩していく。

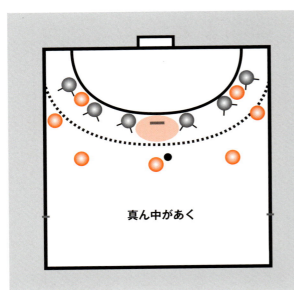

真ん中があく

7人ならダブルポストで

7人攻撃を仕掛ける時は、ダブルポストで6：0DFを広げる。

左右の1枚目と2枚目の間にポストを配置すれば、真ん中が広くなる。左側と右側でそれぞれ3対3をやって、広くなった真ん中を7人目のバックプレーヤーが切れ込む。広いスペースができた真ん中にバックプレーヤーが切って、3人目のポストになるのも面白い。

Lesson 7 システムごとの守り方、攻め方

３：２：１ＤＦの守り方

機動力のある選手を高く配置し、ゴールから遠ざける

サイズ不足を脚力で補う

６：０ＤＦをやると上から打ち込まれる小柄なチームでも、３：２：１ＤＦなら脚力で勝負できる。トップＤＦは豊富な運動量で相手のパス回しに圧力をかける。両45度は相手のエースをタイトに守る。相手のバックプレーヤー陣を、ボールをもらってからの動きにして、ロングを封じる。フルバックはポストと全体を見ながら、広いスペースを消すように指示を出す。スペースが広いので、退場が増えるリスクがある。

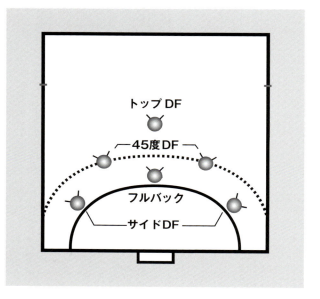

水を流すように守る

３：２：１ＤＦでは「水を流すように守る」のが徹底事項。
トップがいる三角形の頂点から、両サイドに攻撃を流すように追いやる。６：０ＤＦよりもスペースが広いので、サイドとポストから打たれやすいシステムだが、サイドシュートを打たれるにしても、なるべく角度のないほうへ持っていきたい。ノーマークに強いＧＫも必要になってくる。

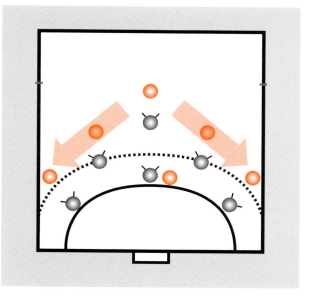

Lesson 7 システムごとの守り方、攻め方

3：2：1DFの攻め方

ダブルポストになった瞬間のマークミスを狙う

考え方 / 技術 / 練習方法

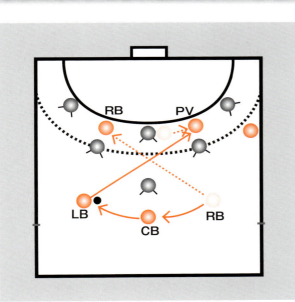

対角のポストを見る

3：2：1DFはダブルポストになった瞬間に、マークミスが起こりやすい。右バックがパスを出した後、切ってダブルポストになる。
ポストは右バックと反対へ移動する。3：2：1DFのフルバックはどちらをマークするべきか迷ってしまう。左バックは対角にいるノーマークのポストにパスを出せばいい。

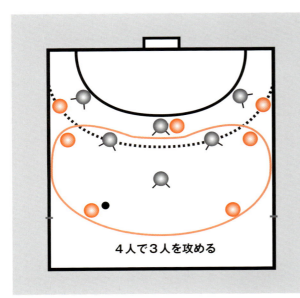

4人で3人を攻める

上で4対3を作る

高いDFほどスペースが広くなるので、7人攻撃ではマークミスが生じやすい。3：2：1DFの広いスペースの中間に7人目を置いて攻めると、数的優位が生まれる。
たとえばバックプレーヤーを4人にすれば、トップDFと45度の3人に対して4対3の数的優位になる。4人目が動いて、45度DFにスクリーンをかけてもいい。

Lesson 7 システムごとの守り方、攻め方

5：1 DFの守り方

トップが長い手足で動き回り、パスのリズムを崩す

トップの運動量が命

トップDFが前に出て、豊富な運動量でパス回しに圧力をかける。リーチの長い選手をトップに置けば、パス回しのリズムが崩せるし、ロングを打たれにくくなる。
トップDFに大型選手を置いたり、小柄でも動き回れる選手にするなど、バリエーションも多い。下の5人はゾーンで守るが、6：0DFよりもスペースが広いので間を割られやすく、退場者も出やすい。

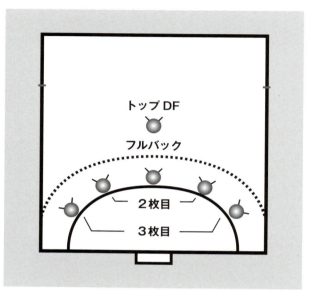

変則の5＋1DF

トップDFを真ん中ではなく、相手のエース側に寄せて、変則の5＋1DFにする。エースにマンツーマンでつきながら、センターにもちょっかいを出すようなハーフマンツーマンで守って、相手が攻撃のリズムを崩す。
トップDFに「1人で2人を見る」感覚があれば機能する。

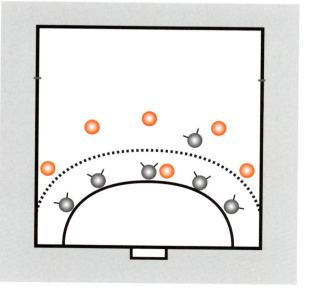

Lesson 7 システムごとの守り方、攻め方

5：1 DFの攻め方

初めからある段差とスペースを効果的に狙う

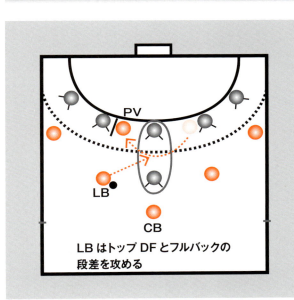

LBはトップDFとフルバックの段差を攻める

トップとフルバックの段差

ポストが中継で右から左に移動し、サイドスクリーンをかける。中継でDFを真ん中に寄せたら、パスをもらった左バックはトップDFとフルバックとの段差を攻める。

トップが寄れば、右側に3対2ができる。フルバックがついてくれば、スクリーンをかけているポストに落とす。両方が守りにきたら、センターがクロスで回り込む。

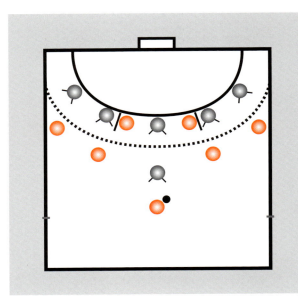

7人攻撃であれば

7人攻撃ではダブルポストで攻める。6対6の時と同じ要領でフルバックとトップDFの段差を攻めて、反対側に展開した場合には2人目のポストがサイドスクリーンで数的優位をより確実なものにする。

左バックと右バックは飛ばしパスを出せるよう、トップDFと同じ高さにならない位置取りを心がける。

Lesson 7 システムごとの守り方、攻め方

4：2 DFの守り方

2トップの機動力で、バックプレーヤーの足を止める

変則的なシステム

運動量豊富な2トップを全面に押し出した、変則的なDFシステム。相手からすると見慣れない守備隊形なので、急にやられると戸惑いやすい。

スペースが広いので長時間だとリスクが大きいが、短時間でアクセントをつける分には効果的。パスカットの嗅覚の鋭い2トップがいれば機能する。

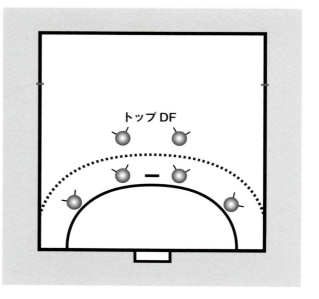

2人で3人を守る

トップDF2人で、バックプレーヤー3人を守ってしまうのが、このシステムのポイント。

ボールから遠い側のバックプレーヤーを捨てながら、ボール側の2人に対して常に密集を作るイメージで動く。飛ばしパスにも機動力でついていく。下は広いスペースができているが、DF4人で3人を守るので、心配はない。

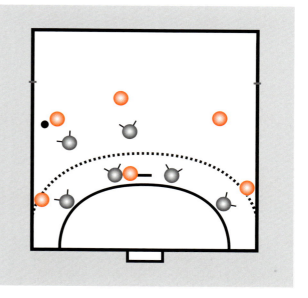

Lesson 7 システムごとの守り方、攻め方

4：2 DFの攻め方

上と下をだぶらせることで、広いスペースを作る

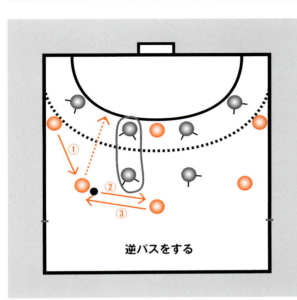

逆パスをする

逆パスと飛ばしパス

上と下が重なる瞬間を作るために、逆パスを利用する。右から左、左から右に素直に展開するだけでなく、センターからの折り返しのパスを利用して、上と下のマークをだぶらせる。その瞬間に広いスペースを左バックが攻める。

相手が対応してきたら、左バックから右バックに飛ばしパスを出して、さらに展開する。パラレルだけだと単調になるので、ユーゴを使ってDFのリズムを崩すのも効果的。

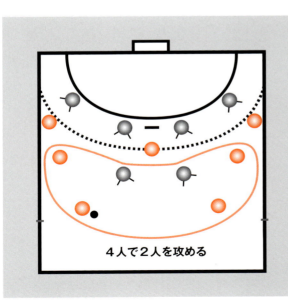

4人で2人を攻める

4対2で2トップを崩す

2トップは2人で3人のバックプレーヤーを見るが、さすがに4人は見きれない。ただし4人が横に一直線に並んでしまうと、間が狭くなるし、2トップからも見やすくなる。

そこで弧を描くように4人を配置して、2トップの視野外から攻める。DFの真ん中4人の中間に7人目を置いて、誰がマークするのか分からない状況を作る手もある。

Lesson 7 **システムごとの守り方、攻め方**

考え方 / 技術 / 練習方法

3：3 DFの守り方

マンツーマンに近い守り方で、相手の足を封じる

フットワークで勝負

3：2：1DFよりもさらにマンツーマンに近い形で守る。タイトな守りで大きいバックプレーヤーの足を封じながら、ロングを簡単に打たせない。上3枚のラインの高さを調整して、圧力を変化させる。
ラインを高くすれば圧力も強くなるが、広いスペースを切りさかれるリスクもある。

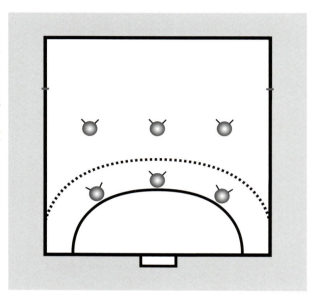

マンツーマンでつく

ほぼマンツーマンで相手につくから、6人の機動力が欠かせない。ボールを持ってからの動きなら、スペースがあってもDFが有利になる。
ただし60分ずっとやるのは体力的に難しい。試合終盤で追い上げたい場合には、オールコートマンツーマンでボールを奪いにいくこともある。

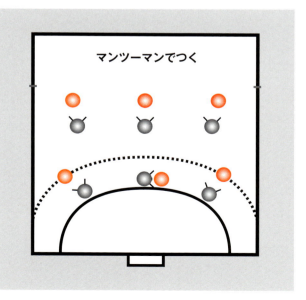

Lesson 7 システムごとの守り方、攻め方

3：3 DFの攻め方

ボールを持たない選手をスクリーンで助ける

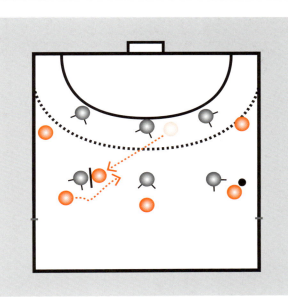

スクリーンを利用する

3：3ＤＦの時はポストが浮いて、ボールを持たない選手をスクリーンで助ける。特にバックプレーヤーが前を向いてボールをもらえるよう、ボールを持たない２対１を利用して突破する。

相手のマークチェンジを誘いながら、マークがずれた状態でパスをもらえるようにする。バックプレーヤーだけでなく、サイドの動きをスクリーンで助ける選択肢もある。

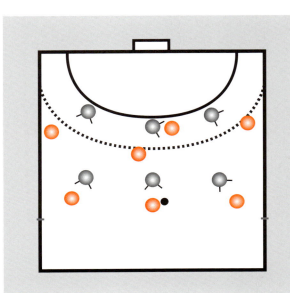

7人攻撃には弱い

スペースが広いＤＦシステムなので、７人目が空間にいるとマークが取れなくなる。上と下の中間に１人置けば、ノーマークでボールをつなげる。

ＤＦが自分のマークを捨てれば、別のところにノーマークが生まれる。誰もつかなければ、そのままスペースに走り込んで簡単にシュートを打てる。

SAKAMAKI'S THINKING ABOUT HANDBALL

6対6のヒントは2対2にあり

　6対6のセットオフェンスは、ハンドボールの最も味わい深い部分です。どのように相手を寄せて、広いスペースを作り出すか。広いスペースに、自分たちの強みをどのようにぶつけるか。判断さえ間違えなければ、ハンドボールは絶対にボールを持っている攻撃側が有利です。どんなディフェンスシステムにも弱点はあるので、攻撃側がミスさえしなければ、必ず点は取れます。

　しかしハンドボールを始めたばかりの人たちからすると、6対6の攻防は少し難しいかもしれません。海外の映像を見て勉強しようと思い立っても「どこをどう見たらいいのか、わからない」という人も多いと聞きます。セットオフェンスを見る際には「2対2を抽出する」意識で見るといいでしょう。6対6からきっかけの動きでスペースを作って、途中の動きが複雑になっても、最終的には必ず2対2で決着がつきます。「こういうきっかけをしたら、ここに2対2が生まれるのか」という関連性が見えてきたら、セットオフェンスが面白くなります。

　「日本人はサイズがないから、セットオフェンスよりも速攻で」といった声は昔からよく聞かれます。しかし走り合いばかりに夢中になって、セットオフェンスをないがしろにしていると、世界との差がどんどん広がってしまいます。セットオフェンスを理解するためにも、6対6の動きの中から「2対2を抽出」できる目を養ってください。

Lesson 8
ゴールキーパー

文字通り最後の砦。
大事な試合になるほど、GKの出来が勝敗を分けます。

Lesson 8 ゴールキーパー

正しい姿勢と身体の使い方

考え方 / 技術 / 練習方法

なるべく反動をつけずに、爆発的な動きを生み出す

重力を利用し、軸をコントロール

ダイナミックに動こうとして予備動作を入れると、時間のロスが生じます。予備動作をなくすと時間を短縮できますが、力強く動けません。この矛盾を解消するために重力を利用します。ニュートラルな構えを作ったら、上体（身体の軸）を重力に任せて、行きたい方向に倒します。重心が崩れると、上体を追いかけるように骨盤と足がついてきます。先に移動していた上体の下に足をしまい込めば、移動した次の場所でも正しい姿勢になっています。

身体の中心部から動き出せる構え

股関節をゆったりと曲げることで、爆発的に動き出せます。両手を目から見える範囲に置けば、肩甲骨から腕を伸ばせます。

> **POINT**
>
> **動きだしの感覚**
>
> 風船をヒザの間に挟んだイメージで、ほどよいテンションを保ちながら、行きたい方向に弾けるように動き出せるのが、理想の構えです。

ゴールキーパー

POINT 倒れながら

体の軸を前に倒すと、倒れそうになる寸前で足が出て前に進む。歩くことはバランスを崩して整える作業の連続。先に進んでいる上体を追いかけるように下半身をしまい込めば、GKの構えになる。

バランスが整った構えから、重力に任せて前に倒れる。倒れる寸前に足が出てきて、前に詰めた時点では再びバランスが整っている。重力を味方につければ楽に動けて、動きのロスがなくなる。

倒れる感覚

重力を感じる練習。全身が一本の棒になったイメージで補助者に倒れ込む

手のひらに棒

重力で倒れそうな棒(上体)を手のひら(骨盤)が追いかけるイメージ

POINT 感覚をつかむ

倒れそうな棒を手のひらで追いかけることで、バランスが整います。棒を上体、手のひらを骨盤と考えれば、共通点が見えてきます。

Lesson 8 ゴールキーパー
GKのステップワーク

移動し終えた時点で構えが完成しているように

クロスステップ

サイドステップ

シューターから目を切らずに、小刻みに横へ移動するのがサイドステップ。細かく位置を合わせる時に使う。なるべくGKの基本姿勢を保ったまま動く

ステップの考え方

　長い距離を移動する場合はクロスステップ。近距離でボールから目を切りたくない場合はサイドステップ。相手と正対した時点で正しい構えになっているところから逆算して、どちらのステップを選択したら無理なく行けるかを考えます。

クロスステップの動き出しは、進行方向（写真では左足）の股関節を支点に小さくターンするのがコツ。小さく鋭く回ることで、その後の動きがスムーズになり、移動を終えると同時に正しい構えが完成する。

NG 後傾

クロスステップで身体の軸が後傾すると、無駄な動きが多くなる。小さくターンするように

NG 両足揃う

サイドステップで両足が揃う悪い例。この状態からだとシュートを捕りにいけない

ステップワーク＝トラッキング

　相手と正対したら、細かいステップでリズムを刻みます。これがトラッキング。リズムを刻む動きが細かいほど、色んなタイミングのシュートに合わせられます。

Lesson 8 ゴールキーパー
ハイコーナーのセービング

予備動作を減らし、爆発的な動きでゴールの隅に飛びつく

ボール側の足で踏み切るのは…

　右上のシュートに対し、左足で助走をつけてから右足で踏み切る捕り方もありますが、予備動作に時間がかかるという短所があります。身長の低いGKには必要な動作ですが、短所をよく理解して実践してください。

反対の足で踏み切る

連続写真では左足の股関節から地面を蹴って、右上に跳んでいます。股関節から蹴ることで、おしりやもも裏の大きな筋肉が使えます。また右ヒザを上げる動作には重心を引き上げるだけでなく、方向づけや面を大きくする効果もあります。

ゴールキーパー

肩甲骨から動かして腕を伸ばす

POINT
肩甲骨を使えば、遠くまで手が届く

腕は肩から先ではありません。肩甲骨も含めて腕だと考えてください。肩甲骨から腕を伸ばせば、肩から腕を上げた時よりも５ｃｍぐらい遠くまで手が届きます。

Lesson 8 ゴールキーパー
スライディング
身体の中心をボールに近づける意識で動く

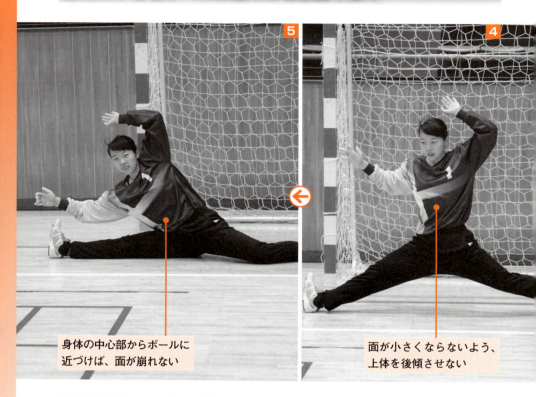

身体の中心部からボールに近づければ、面が崩れない

面が小さくならないよう、上体を後傾させない

股関節外旋でスイッチを入れ、身体の中心部から近づいていく

動き出しは股関節外旋から。連続写真では右足を開きながら右の股関節を外旋させて、右下への方向づけをしています。バランスよく立っている状態から右足を解き放つことで、自然と右に倒れていく感覚です。右のかかとで滑って、体の中心部をボールに近づけていけば、面を大きく保てます。

POINT
**股関節の外旋＝
ヒザを進行方向に**

股関節は球状関節なので、ぐるりと回す動きもできます。股関節を開く動きが外旋。股関節を外旋させることで重心の移動がスムーズになります。ヒザを進行方向に向けることを意識すれば、結果として股関節が外旋します。

ゴールキーパー

3 右足のつま先を上げて、かかとで滑る意識を持つ

2 右の股関節を進行方向に開く（股関節外旋）

1 どこにでも動けるニュートラルな構えで待つ

ストレッチの際も面を崩さないように意識

股関節のストレッチ

　スライディングの姿勢を意識しながら、股関節の可動域を広げます。補助者が左ヒザで背中を押すから、正面から見ても面が崩れていません。

187

Lesson 8 ゴールキーパー
サイドシュートの捕り方

サイドシュートの捕り方は2通り

コーナーからのサイドシュート

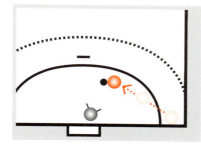

刻一刻と角度が変わる

　サイドシューターがジャンプした瞬間からゴールとの角度が変化します。角度を合わせるために、GKはこまめに足を動かしながら位置取りを変える必要があります。位置取りでは近めのバーに張りつかず、少し近めをあけておくと、近め、遠めの両方に対応しやすくなります。

ラウンドしながらのサイドシュート

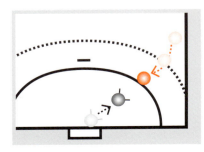

角度が変わらない

サイドライン沿いからラウンドしてくるサイドシュートでは、ジャンプした瞬間とシュートの時で、ほとんど角度が変わりません。シューターが6mラインを気にして下を向いた瞬間に前に詰めたり、遠めを潰しておいて近めを捕りにいく駆け引きなどが効果的になります。

Lesson 8 ゴールキーパー

DFとの距離

DFとシューターの距離を感じる

遠い距離から引っ張り

1 DFとの距離が遠いと、シューターは流し、引っ張りの両方を狙える

2 連携があまり期待できないので、GKは反応でロングを捕りにいったほうがいい

遠い距離から流し

1 DFが流しを消しているが、シューターが遠いと守りきれない

2 シューターが遠いと、DFの外から流しに打ち込んでくる場合がある

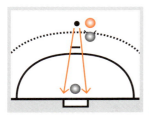
間合いが近すぎると、DFの背後から引っ張りに打たれる危険性が高まる。早動きは厳禁

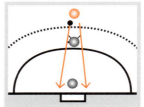
間合いが遠すぎると、DFの枝が関係なくなる。GKは距離を利用して、来た球に素直に反応する

近い距離から引っ張り

1 DFがシューターに近い時、利き腕をフリーにするとブラインドシュートを狙われる

2 手首を返して引っ張りに打ってきた。ボールが見えた瞬間に流しに行かないこと

近い間合い

1 これだけ間合いが近くなると、ブラインドシュートで左右に打ち分けられる

遠い間合い

2 間合いが遠くなると、DFとの連携があまり機能しなくなる

Lesson **8** ゴールキーパー

駆け引き

ストーリー性のある駆け引きで阻止率を高める

安直な流しへの対応
ノーマークで相手が流しに動いて、そのまま流しへ打ってきた。GKはクロスステップで追い込み、かぶせるようにしてシュートコースをふさぐ。

流しを警戒してきた
相手は流しを止められたので、引っ張りに切り替えてきた。同じ捕り方ばかりでは通用しない。GKは次の一手を考える必要がある。

軸足を入れ替える
GKは左足で流しを止めると見せかけて軸足を入れ替え、引っ張りに対応する。他にも立ち位置を変えるなど、仕掛ける方法はいくらでもある。

Lesson 9
トレーニング

ケガをしないために、身体接触で負けないために、フィジカルは重要です。

Lesson 9 アスレティックポジション

ハンドボールの基本姿勢「アスレティックポジション」とは

❶ **ニュートラル** 前後左右だけでなく上にも下にも自由に動き出すことが可能になる姿勢。

❷ **身体接触に強い** 最も安定した姿勢であり身体接触による外部からの衝撃に強く、バランスを保ちやすい。

❸ **傷害予防** 股関節、ヒザ関節、足関節などを連動させて効率的に使うことで特定の関節や筋肉に負担が集中するのを避ける。

海外で活躍する銘苅淳は、トヨタ車体時代からアスレティックポジションができていた

ハンドボールを長く続けるために習慣にしておきたい基本姿勢

　アスレティックポジションとは、競技の特性や状況に応じた基本姿勢のことです。いつでもどこへでもすぐに動けて、最大限にパワーを発揮できる姿勢でもあります。瞬時にトップスピードに乗ることもできるし、身体接触でも力を発揮できます。無理のない姿勢は無理のない動きにつながるので、ケガの予防にも役立ちます。接触していないのにヒザのじん帯を切るようなリスクも、アスレティックポジションを意識することで回避できます。長くハンドボールを続けるためにも、アスレティックポジションを身につけましょう。

アスレティックポジションの作り方

股関節から重心を落とし、ヒザはつま先よりも少し前に出します。体重は6：4ぐらいで、少しつま先側にかけるイメージで（カカトは浮かせない）。胸を軽く張るようにして（肩甲骨を引くようにして）背中が猫背にならないようにします。

この構えをベースに、DFでは相手の利き手側の手足を前に出します。OFの動きを止めたい場合やジャンプの着地の際などは重心を低くします。GKはスタンスを狭くして、もう少し高く構えます。

あらゆる競技の基本姿勢

アスレティックポジションは様々な競技の様々な場面でそれぞれ最適なものがあります。テニスやバドミントンで相手のサーブに備える構え、野球の内野手の構えもアスレティックポジションです。また、アメリカンフットボールのDF姿勢や相撲の立ち合いなどもアスレティックポジションです。この姿勢から前後左右に素早くスタートが切れるように、両足を小刻みに動かすこともあります。

menu 1 腕立て伏せ

目安 男子 30回×2セット / 女子 15回×2セット

**胸や背中、肩の周囲、上腕などを鍛える。
手の位置で効果も変化する**

1 両手は肩幅よりも少し広く。おしりを突き出したり、落としたりしないよう、背中から足までが一直線になるように構える。

2 両ひじを深く曲げて、胸が床につくくらいまで体を落とす。背中から足までを一直線に保ちながら、アゴを突き出さず引きすぎず最初の状態まで戻す。

応用

両手を前に置くと、腹筋にも効いてきます。両手を離さずに行うとさらに効果的です。

menu 2 片脚スクワット

目安 10回×2セット

**片足で自体重を支えながら、
より効果的におしりから太ももを鍛える**

1 左足を床につけずに、右足だけでスクワット。折り曲げたヒザとつま先は正面を向くように。左足は前に出すのではなく、後ろに伸ばす。

2 左足を後ろに伸ばして、なるべく背中からもも裏、足までが一直線になるようにする。右ヒザはつま先より少し前に。反対も同様に。

POINT

片足を後ろに伸ばす

スクワットしていないほうの足もポイントです。後ろに伸ばすことで、腿裏（ハムストリングス）や大臀筋に効いてきます。

menu 3 フロントランジ 15回（片足）×2セット

足腰のバランスを整える基本メニュー

1
背中を真っすぐに保ちながら、片足を前へ大きく踏み出し、重心を下げる。上半身ができるだけ真っ直ぐに立ったまま、元の姿勢に戻る。

2
踏み出したヒザがかかとの真上にくるくらいの歩幅が基本。

応用
メディシンボールを両手で持ち、踏み出した側（写真では左）にひねりを入れると、腹斜筋も鍛えられます。

menu 4 カーフレイズ 両足20回×2セット

簡単にできるふくらはぎの強化法。
1人でどこででもできる

1
段差につま先を乗せて、かかとを下ろす。体がぶれないよう写真では補助者の肩を借りているが、壁や階段の手すりなどでも構わない。

2
ほんの少しヒザを曲げたまま、かかとがふくらはぎに向かって真っすぐ上がっていくように意識する。

POINT
つま先立ちになる時に足指を丸めないようにしましょう。足指はできるだけ開いて反らすようにします。

menu 5 レッグダウン

10回×2セット

下腹部や腸腰筋を鍛える足上げ腹筋で、上半身と下半身をつなげる

1 仰向けに寝て、補助者の足首につかまりながら両足を真上に揃える。補助者は両足のつま先を手で持ち、倒す方向に軽く勢いをつける。

2 上の写真は補助者が前に勢いをつけて倒した場合。両足を揃えたまま、かかとが床につかないように耐えて元の状態に戻す。

3 補助者が横に倒した場合は腹斜筋なども鍛えられる。両足を揃えたまま、足が床につかないようにしながら、元の状態まで戻してくる。

menu 6 ヒップレイズ

15回×2セット

体の裏側を鍛えるメニュー。高さを調整すれば、強度を変えられる

OINT

1 仰向けに寝て、両足を揃えたまま腰を上下させる。ヒザは90度ぐらいに曲げて、足はかかとだけで支える。おしりを引き締めるように意識して腰を上げる。

2 写真2のように一方の足を上げて片足で行うと強度が上がる。足を上げる時は大臀筋からもも裏（ハムストリングス）で引き上げる意識を。

両足を台の上に置くと、強度が上がります。台が高いほどおしり周辺に効くので、高さは適宜調整してください。

menu 7 座ってキャッチボール 目安 20球×2セット

キャッチボールをしながら体幹を鍛え姿勢を正す

ヒザを曲げて座り、両足を揃えて床から浮かせる。補助者に頭より高い位置にボールを投げてもらう。

両足のかかとを浮かせたまま両手でキャッチをする。捕球後はできるだけ強いボールを補助者に投げ返す。

POINT

キャッチをするときに身体を丸めずに、上半身を起こします。投げ返すときには、シュートと同様に利き手と反対側の肩を補助者に向けて、上半身全体を使って投げます。

menu 8 うつ伏せでショルダープレス 目安 15回×2セット

背部の筋肉、肩や肩甲骨周りの筋肉を連動させる

うつ伏せで顔と胸を上げて、正面を見る。軽い棒を持って両腕を真っすぐ伸ばす。

左右の肩甲骨を内側に寄せて、おしりのほうへ引き下げるようにしながら、棒を頭の後ろまで持ってくる。

POINT

肩甲骨から腕を振る感覚を養う

肩の後部や肩甲骨周りの筋力強化だけでなく、腕と肩甲骨を連動させる機能を高め投球動作の改善にもつながります。足を床から浮かすと強度が上がります

menu 9 ベントオーバーショルダープレス 10回×2セット

肩、肩甲骨周り、背中に加えて、おしり、もも 体の裏側をさらに鍛える

1 両足を肩幅くらいに開き、ヒザを軽く曲げておしりを高い位置に保ったまま腰から背中まで丸くならないように上半身を前傾させる。

2 両手で持った棒を頭の前に出し、うつ伏せのショルダープレスと同様に肩甲骨を引き寄せながら、ヒジを曲げて棒を頭の後ろに持ってくる。

応用 慣れてきたら片足にチャレンジしましょう。後ろの脚はおしりの高さまで上げ、足裏が真後ろを向くようにします。

menu 10 バーピージャンプ 10回×2セット

連続して行う全身運動。 アスレティックポジションで最後は着地

1 立った状態からしゃがみながら一気に腕立て伏せの姿勢を作る。難しければ、しゃがむ動作と腕立て伏せの2段階に分けてもいい。

2 腕立て伏せの姿勢から一気に身体を起こして低いアスレティックポジションをとる。つま先とひざを正面に向け、上半身を起こす。

3 両手を上げてジャンプ。着地の姿勢はアスレティックポジションを意識する。連続するなら着地後すぐに腕立て伏せの姿勢に移行する。

menu 11 サイドホッピング

目安 左右で10回×2セット

左右にジャンプをして片足で着地をする

1. 右に跳ぶ場合は左足一本で踏み切り、右足で着地。着地の際におしりを少し後ろに突き出すようにする。右のつま先とヒザは正面に向ける。

2. 右足だけで立った状態から左に跳んで、左足だけで着地する。左右交互にリズムよくジャンプを繰り返す。

NG

POINT

着地の姿勢は片足でのアスレティックポジションになります。後ろに上げた脚が横に流れて身体をひねってしまわないように注意しましょう。

---

menu 12 ボックスジャンプ

目安 10回×2セット

ジャンプ力強化の定番。ジャンプだけでなく着地にも意識を置いて

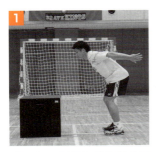

1. ボックスの高さギリギリで跳び乗るのではなく、ボックスの上から着地をする意識でより高くジャンプをする。

2. ボックスの上に着地をする際もボックスから床に着地をする際もアスレティックポジションで。慣れてきたら連続で行う。

応用

高さの異なる複数のボックスを使う、横方向へのジャンプや着地の際に身体の方向を変えるなど、様々なバリエーションがあります。

menu 13 メディシンボール投げ

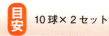 10球×2セット

全身を連動させながら、メディシンボールを遠くに投げる

1 手だけで投げようとせず、全身を大きく使ってより遠くへ投げる。

2 下半身上半身を運動させる。体幹部→肩→ヒジ→手首と連動させる。

応用

ジャンプをしながら投げると、より全身の連動が意識できます。着地はアスレティックポジションをとります。

menu 14 メディシンボールジャンピングキャッチ

 10回×2セット

空中と着地で衝撃を受け止める。体幹の強さと身のこなしの強化

1 ジャンプをして両手を上げた位置へ補助者にメディシンボールを投げてもらいキャッチをする。

2 メディシンボールの重さとスピード（＝パワー）の衝撃に負けて体勢を崩さないようにして、アスレティックポジションで着地をする。

POINT

衝撃を受けてもバランスを保つ

メディシンボールをキャッチする前にバーピージャンプをしたり、キャッチしたメディシンボールを着地をする前に投げ返すなど、工夫次第でレベルアップしたメニューになります。

menu 15 抱っこ歩き

　3往復×2セット

補助者の体重を利用する①

1 補助者をいわゆる「お姫様抱っこ」をして歩く。脚は一歩一歩高く上げて10mくらいの距離を往復する。

2 横から見た姿勢。横から見た姿勢。身体を後ろに倒して腰を反らすような姿勢をせず、真っすぐ立って良い姿勢を保ちながら歩く。

応用 応用として、この状況からスクワットをしたり、受け渡しをするなどの方法があります。

menu 16 おんぶ歩き

　3往復×2セット

補助者の体重を利用する②

1 補助者をおんぶして10mほどの距離を往復する。抱っこ同様、姿勢を崩さないように。

2 横から見た姿勢。抱っこ歩き同様、最後まで姿勢を崩さないで、脚を高く上げて歩く。

応用 上に乗った補助者が肩から手を離し、腹筋運動のように、上体を倒したり起こしたりすると、さらに強度が上がります。レスリングなどでもよく行われるトレーニングです。

おわりに

最強の矛、最強の盾

　ハンドボールは本来、ボールを持っているほうが有利なスポーツです。攻撃の判断さえ間違えなければ、理論上は毎回の攻撃で得点できるはずです。しかし守りで2対2のマークの受け渡しが完璧であれば、理論上は失点を防げます。明らかに矛盾していますね。

　でも、それでいいのです。私が教えるOFは「最強の矛」であり、私が教えるDFは「最強の盾」です。最強の矛と最強の盾がぶつかった時、そこに「駆け引き」が生じます。駆け引きがあるから、勝ったり負けたりの繰り返しになるのです。相手に守られた時には「そっちがそう来るなら、次はこの手で」と思いますし、駆け引きを工夫するから、点が入った時の喜びも大きくなります。

　そういった「やりとり」がハンドボールそのものです。理詰めでプラス1（1人余った状況）を作るのがセットOFの醍醐味だし、ハードワークしながらも頭を使って相手の攻撃を制限するのがDFの面白さです。全力で走って、跳んで、投げる、ハンドボールの爽快感もありますが、「知的格闘技」の要素をもっと楽しんでほしいと思います。

　やりとりを楽しめる選手になるには、フィジカルを含めた個の基本スキルを高める必要があります。個のレベルが上がれば、プレーの選択がシンプルになり、ゲームの全体像も見えてきます。やりとりを楽しめる選手を育てるには、監督、コーチは学び続ける必要があります。ドイツ・ブンデスリーガの強豪、THWキールのアルフレッド・ギスラソン監督は毎日5時間以上ハンドボールのビデオを見ていると言います。ドイツ代表のダグル・シグルドソン監督はハンドボールだけでなく、バスケットボールやサッカーを見て、ボールゲームの考え方を吸収しようとしています。

　選手は基本スキルを磨き、指導者は学び続ける。当たり前の話ですが、日本のハンドボールが強くなっていくには、それしかありません。世界のトッププレーヤーと対等に渡り合える日本人選手が増えることを望むとともに、世界を見据えた指導者が日本からもっと出てくることを心より願っています。

酒巻清治

205

プロフィール

監修　酒巻清治（さかまき・きよはる）

1962年生まれ、愛知県名古屋市出身。中学からハンドボールを始め、愛知高、中京大、湧永製薬でプレーを続けた。ポジションはセンター。湧永製薬に入社した1985年にはドイツ・ブンデスリーガ2部に留学している。日本代表としてもアジア選手権、世界選手権に出場した。1994年からは湧永製薬の監督に就任。また1996年から2000年にかけては日本代表コーチになり、1997年の熊本世界選手権ではオレ・オルソン監督のもとでコーチを務めた。二度目の湧永製薬での監督業を経て、2004年から家族とともにスウェーデンのマルメに居を移し、ブンデスリーガ1部・SGフレンスブルグやスウェーデン、ノルウェーなどでコーチングを学んだ。2006年からトヨタ車体の総監督に就任。その後テクニカルディレクター、監督と肩書は変わりながらも、一貫してチームを強化してきた。また2007年末から2012年まで日本代表監督を務め、2008年の北京五輪予選再予選、2011年の世界選手権、2012年のロンドン五輪世界最終予選で指揮を執った。

監修（179〜192ページ）　栗山雅倫（くりやま・まさみち）

1971年生まれ、東京都江戸川区出身。東邦大附属東邦高、筑波大でプレーした。ポジションはGK。筑波大学大学院体育学研究科を修了した後に日本代表の通訳を務め、オレ・オルソン監督の薫陶を受けた。1997年の熊本世界選手権の後は日本リーグのイズミ（現ヒロシマメイプルレッズ）、ブラザー工業（現HC名古屋）でコーチを務め、2002年からはコーチとしてアテネ五輪予選、北京五輪予選に帯同した。2005年から東海大に奉職し、同年より監督就任。また2012年からは日本女子代表の監督を務め、2013年の世界選手権では14位になった。2016年3月のリオ・デジャネイロ五輪世界最終予選を最後に代表監督を退き、同年6月からは日本協会常務理事に就任。語学力を武器に、海外との交渉で力を発揮している。東海大学体育学部准教授。

監修（193〜203ページ）　山本充伺（やまもと・あつし）

1965年生まれ、愛知県半田市出身。中京大を卒業後は体育教師を務め、野球部の顧問だった。1997年にアスレティックトレーナーとして独立し、ベストコンディションを立ち上げる。現在はトヨタ車体ハンドボール部、岡崎城西高校男子ハンドボール部等でトレーナーを務める。ハンドボールに携わったのはトレーナーに転向してからだが、20年来の現場での経験を踏まえて、傷害予防とパフォーマンス向上のための体づくりと動きづくり等を研究、指導している。日本体育協会公認アスレティックトレーナー。

モデル
トヨタ車体ブレイヴキングス

https://www.toyota-body.co.jp/handball/

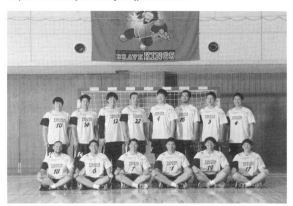

1967年創部。かつては日本リーグの2部と1部を行ったり来たりのチームだったが、酒巻清治監督が就任した2006年以降は着実に力を伸ばし、今ではプレーオフの常連になった。「華々しいキャリアはなくても可能性を秘めた選手に、最高の理論とトレーニングを提供する」コンセプトのもと、学生時代にトップクラスではなかった選手をレギュラーや日本代表に育て上げている。2011年、2015年には日本選手権（かつての全日本総合選手権）で日本一に輝いた。今シーズンは悲願のプレーオフ初制覇を目指している。

東海大学女子ハンドボール部

http://mermaid.shn.u-tokai.ac.jp/

（左）渋谷優衣　（右）中野智佳

創部は1978年。チームの愛称はマーメイド。2001年に関東学生連盟1部に昇格し、2005年からは栗山雅倫監督がチームを率いている。インカレの最高成績は2012年、2013年の全国3位、関東リーグでは2014年秋季に優勝。近年は川村杏奈（ソニーセミコンダクタマニュファクチャリング）、相澤莉乃（オムロン）、渡部真綾（東海大学1年）を日本代表に送り出している。

STAFF

取材・執筆	久保弘毅
写真	幡原裕治・杉浦勝彦・久保弘毅
本文デザイン	上筋英彌・木寅美香（アップライン株式会社）
カバーデザイン	柿沼みさと
編集	杉山亜沙美

パーフェクトレッスンブック

ハンドボール　基本と戦術

監　修	酒巻清治（さかまきよはる）
発行者	岩野裕一
発行所	株式会社実業之日本社
	〒107-0062　東京都港区南青山5-4-30
	CoSTUME NATIONAL Aoyama Complex 2F
	［編集部］03（6809）0452　［販売部］03（6809）0495
	実業之日本社ホームページ　https://www.j-n.co.jp/

印刷・製本　大日本印刷株式会社

©Kiyoharu Sakamaki 2016 Printed in Japan（第一スポーツ）
ISBN978-4-408-45604-1

落丁・乱丁はお取り替えいたします。

実業之日本社のプライバシーポリシー（個人情報の取り扱い）については上記ホームページをご覧下さい。
本書の一部あるいは全部を無断で複写・複製（コピー、スキャン、デジタル化等）・転載することは、法律で認められた場合を除き、禁じられています。また、購入者以外の第三者による本書のいかなる電子複製も一切認められておりません。